W0089691

Im digitalen Hamsterrad

Ein Plädoyer für den gesunden Umgang
mit Smartphone & Co.

von
Prof. Dr. Gerald Lembke

Bibliografische Information der Deutschen Nationalbibliothek

Die Deutsche Nationalbibliothek verzeichnet diese Publikation in der Deutschen Nationalbibliografie; detaillierte bibliografische Daten sind im Internet über http://dnb.d-nb.de abrufbar.

Bei der Herstellung des Werkes haben wir uns zukunftsbewusst für umweltverträgliche und wiederverwertbare Materialien entschieden. Der Inhalt ist auf elementar chlorfreies Papier gedruckt.

ISBN 978-3-86216-302-1

© 2016 medhochzwei Verlag GmbH, Heidelberg

www.medhochzwei-verlag.de

Dieses Werk, einschließlich aller seiner Teile, ist urheberrechtlich geschützt. Jede Verwertung außerhalb der engen Grenzen des Urheberrechtsgesetzes ist ohne Zustimmung des Verlages unzulässig und strafbar. Dies gilt insbesondere für Vervielfältigungen, Übersetzungen, Mikroverfilmungen und die Einspeicherung und Verarbeitung in elektronischen Systemen.

Illustration und Umschlaggestaltung: Andreas Becker, creative vision, Lünen
Satz: Reemers Publishing Services GmbH, Krefeld
Druck: KESSLER Druck + Medien GmbH & Co. KG, Bobingen

„Wer so tut, als bringe er die Menschen zum Nachdenken, den lieben sie. Wer sie wirklich zum Nachdenken bringt, den hassen sie."

Aldous Huxley

Inhaltsverzeichnis

Das ist erst der Anfang – Wider die soziale Demenz

„Ich bin immer erreichbar und erreiche nichts."

Revolverheld

Ergeht es Ihnen manchmal auch so wie mir? Ich bin genervt vom Internet und von der vielen Zeit, die ich mit Benachrichtigungen, sinnfreien E-Mails, Facebook, News und Spielen verbringe. Ein nicht zu durchbrechender Kreislauf. Laufend greifen wir zu Smartphone, Tablet & Co., und sei es auch nur, um die Uhrzeit zu erfahren … Wischen und Daddeln sind zu einer neuen Kernkompetenz für die digitale Ablenkungs- und Konsumökonomie geworden. Und das fängt schon früh an:

> Letztens im Restaurant: Zwei Eltern beim Essen. Die beiden Kinder, geschätzt zwischen drei und sieben, ruhiggestellt mit digitalen „Wischbrettern". Keiner sprach ein Wort.

Mobilcomputer bekommen vielerorts mehr Aufmerksamkeit als soziale Erlebnisse mit Freunden, Kollegen oder Familienmitgliedern. Die Realität wird verdrängt durch die Digitalität. Statt unseres Gegenübers haben wir den Bildschirm immer fest im Blick. Kinder und Jugendliche machen es den Großen vor. Die Allzeitverfügbarkeit von digitalen Medien hat nicht nur sie eingefangen, sondern lässt auch Erwachsene nicht mehr aus ihrem Bann.

Ein paar Tage später in der Innenstadt, dieses Mal umgekehrt: Ein Kind im Kinderwagen sucht mit aufgerissenen Augen nach der Aufmerksamkeit der Eltern. Beide traben hinterher, sind in ihre Smartphones vertieft. Der Moment der Aufmerksamkeitssuche geht unbemerkt an ihnen vorüber. Das Kind bekommt nur ein kurzes Lächeln, dann wandert der Blick zurück auf den Bildschirm. Das Kind spürt: Smartphones sind wichtiger als ich. *Wääähhhh …* Kind schreit – keine App hilft.

Langsam, aber stetig haben sich die kleinen Computer fest in unser Leben, unsere Arbeit, ja bei manchen sogar ins Herz gefunkt. Ein Leben ohne die kleinen Wischbretter, ein Leben ohne digitale Medien können sich immer mehr Menschen immer weniger vorstellen.

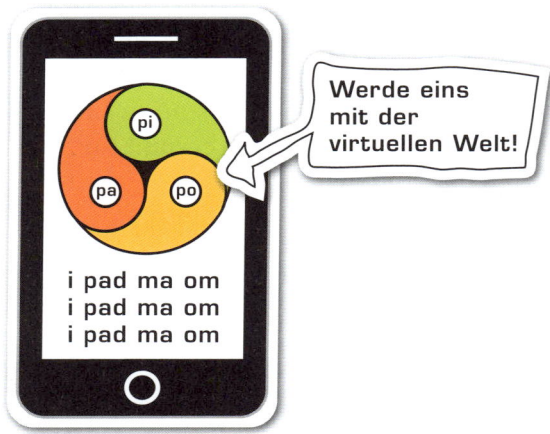

Für die Zukunftsgestalter in unserem Land ist diese Liebe Anlass genug, die eine „Digitale Revolution" auszurufen. Menschen und Kultur müssten sich daran anpassen. Denn nichts Geringeres als der Untergang des Abendlandes drohe, wenn dieses Land nicht endlich die digitale Revolution vollziehe. Und das geht allen Digital-Aposteln und -Apologeten nicht schnell genug. Daher möchte auch niemand etwas über Risiken und Nebenwirkungen hören oder lesen. Obwohl das Digitale schleichend und unbemerkt reale Lebenserfahrungen verdrängt. Wir drohen, einer sozialen Demenz anheimzufallen.

Menschen, die aufgrund ihrer Sozialisation mit einer geringen sozialen Kompetenz ausgestattet sind, sind besonders anfällig für digitale Ersatzbefriedigungen. Bei ihnen wird die digitale Kommunikation auch als Bereicherung empfunden. Die geht bis zur Substitution von sozialer mit digitaler Kommunikation. In dieser Zielgruppe ist das Abhängigkeitspotential besonders ausgeprägt. Denn die realen und sozialen Alternativen werden langsam aber sicher verdrängt und somit „entlernt" – die soziale Demenz beginnt.

Schuld daran werden nicht die Digitalkonzerne sein, auch nicht die Politiker und schon gar nicht unsere kleinen Wischlieblinge. Schuld werden Sie sein, liebe Leserin und lieber Leser: die Nutzerin und der Nutzer, die sich noch immer nicht so verhalten, wie es digitale Wirtschaft und Politik gerne hätten, nämlich weniger ängstlich, dafür viel konsumfreudiger, euphorischer, unreflektierter und gewillt, Technologien noch intensiver zu nutzen, um endlich eine vernetzte und transparente Datenwelt zu bauen. Beliebte Adjektive sind: veränderungsresistent, unbeweglich, faul, ängstlich, rückwärtsgewandt, kulturpessimistisch.

Mit schonungsloser Rhetorik wird uns aufoktroyiert, die (digitale) Revolution in diesem Land endlich voranzutreiben. Überlegungen, was da eigentlich passiert und welche Wirkungen diese Entwicklungen auf Menschen und Gesellschaft haben wird, werden vorenthalten oder totgeredet – wie immer, wenn ökonomische Interessen für Denken und Handeln blind machen. Etwas Vergleichbares gab es schon einmal: die großflächige Nutzung von Atomkraft in den 1960er Jahren. Die Alternativlosigkeit war eine politisch beschlossene Sache. Heute sind jedem die Risiken bewusst – aufgrund der Langzeiterfahrungen. Und noch viel schlimmer: wir werden es nicht mehr los. Sehenden Auges in den brodelnden Reaktor hoffen wir, dass der Super-GAU bei uns nicht passiert. Wir haben gelernt, das Schlimmste zu verdrängen.

Heute sind es wieder ökonomische Interessen, die das Schicksal der neuen Technologien lenken. Entwickelt wird nicht, was uns Menschen guttut, sondern was das Erreichen wirtschaftlicher Ziele in besonders kurzer Zeit unterstützt. Und dieses Mal geht es nicht nur an den Geldbeutel jedes Einzelnen, sondern an unser Wohlbefinden und Glück.

Digital ist der Turbo für unser Hamsterrad.

Wir befinden uns in einem Hamsterrad, einer Schleife des Digitalkonsums, die uns wichtige reale Lebenszeit stiehlt und den Blick auf die wesentlichen Dinge des Lebens verstellt. Wir strampeln in diesem Hamsterrad ohne Richtung. Digital ist der Brandbeschleuniger für Unwohlsein, Stress, Krankheiten, aber auch für eine spürbare Individualisierung und in manchen Teilen der Gesellschaft für eine steigende Entsozialisierung. Wischkompetenz ist wichtiger als das Erlernen von Empathie und weiteren Sekundärfähigkeiten. Das darf nicht so weiter gehen.

Wir sind mit der digitalen Entwicklung komplett überfordert.

Hohe Erwartungen und Ängste schwirren in unseren Köpfen herum: Was passiert mit uns in der digitalen Transformation? Wie werden wir in Zukunft leben? Was bedeutet das für die Kultur, für die Wirtschaft, für die Gesellschaft und schließlich für uns Menschen? Antworten darauf bleiben uns die Digital-Apostel bis heute schuldig.

Was mich wütend macht: *Völliges Ausblenden von wissenschaftlichen Erkenntnissen – geblendet durch unreflektierte Digitaleuphorie, keine realistischen Ziele für die Lebenswelt einer digitalen Zukunft, keine Strategien für das digitale Leben in der Zukunft, blinder Aktionismus beim Einsatz von Smartphones und Tablets in Kitas und Grundschulen, Kategorisches Ignorieren von Risiken und Nebenwirkungen, Herumwerfen von Digital-Buzzwords und -Anglizismen, die kein Mensch mehr versteht, fehlende Wertschätzung und Respekt des Gegenübers auf digitalen Kanälen, Verdrängen sozialer Werte und bewährter Kulturtechniken durch jede noch so unsinnige Digitalentwicklung.*

Es wird Zeit für eine kritische Reflexion unseres Umgangs mit Digital & Co. Und diese lohnt sich: Denn ein Mehr an Zufriedenheit und Unabhängigkeit kann das reale Leben aktiver und sinnvoller und das Arbeiten kreativer und produktiver machen.

Dieses Buch wurde motiviert durch unzählige Diskussionen, Dialoge, Beobachtungen und Forschungsergebnisse zur digitalen Mediennutzung in Gesellschaft, Familien, Schulen und Unternehmen. Es verfolgt ein hehres Ziel, nämlich Sie unterhaltsam und mit einem Augenzwinkern zum Nachdenken anzuregen, zu überzeugen und vielleicht auch zu überreden.

Dafür begebe ich mich systematisch, unterhaltsam und kritisch auf die Suche nach Lösungsansätzen. Dabei verfolge ich nicht den Anspruch auf Vollständigkeit. Meine Haltung?

Digital ist nicht überall gut. Es wirkt sich dort negativ aus, wo es den Nutzer blind macht und zugleich das Menschliche beherrscht. Das digitale Hamsterrad benötigt einen Bremsmechanismus, um dann in Ruhe sinnvolle und nachhaltige Lösungen zu entwickeln.

Sie werden es nicht bereuen. Sie werden zwar keine Lösungen, aber Denkanstöße zu einigen der wichtigsten Fragen der Digitalnutzung in Familie, Unternehmen und Bildung erhalten. Ich freue mich auf eine fortführende Kommunikation mit Ihnen: E-Mail: Hallo@Gerald-Lembke.de.

Die 10 Glaubenssätze der Digital-Apostel und -Apologeten

„Die große Stärke der Narren ist es, dass sie keine Angst haben, Dummheiten zu sagen.“

Jean Cocteau

1. Das Lebensziel ist die Optimierung des Lebens und Verhaltens.

2. Digital ist besser als analog.

3. Glauben ist stärker als Wissen.

4. Sofort dabei sein ist alles.

5. Laute Rhetorik überzeugt Gläubige.

6. Wischen ist das Schreiben der Zukunft.

7. Maschinen machen die Welt sicherer.

8. Künstliche Intelligenz ist schlauer als menschliche.

9. Polemik ist die beste Waffe gegen Vernunft.

10. Smartphones und Tablets machen schlau.

Kapitel 1

Abfüllanlage im Taschenformat – Wie Smartphones Angst und Neid füttern

„Man will nicht nur glücklich sein, sondern glücklicher als die anderen. Und das ist deshalb so schwer, weil wir die anderen für glücklicher halten, als sie sind."

Charles-Louis de Montesquieu

Ich erinnere mich gut: In einem Vortrag in Mannheim berichtete ich 2012 das erste Mal von steigenden Zahlen mobiler Mediennutzung. Und die entwickelte sich bis heute rasant weiter. Die Nutzungszahlen sind exponentiell gestiegen. Das ist die wirkliche digitale Revolution in unser „digitalen Welt", die eigentlich eine „mobile Revolution" heißen müsste.

Nutzungsrevolution statt digitale Revolution

Die „digitale Revolution", die uns von Internetunternehmern, Medien und Politik seit Jahren angetragen wird, ist in Wahrheit eine Nutzungsrevolution, die durch mobile Geräte getragen wird. Seit einiger Zeit schlagen vor allem Mediziner, Psychologen und Suchttherapeuten Alarm. Sie sehen in der exzessiven und unreflektierten Nutzung von digitalen Medien deutlich Suchtpotential und warnen vor den langfristigen Folgen. Das klingt in den Details dramatisch – und das ist es auch.

2012 waren nur 14 Prozent der Deutschen per Mobile regelmäßig online. Zwei Jahre später waren es 41 Prozent und im Jahr 2016 werden es 85 Prozent sein.

Zu diesen Zahlen tragen die überdurchschnittlichen Nutzungszeiten bei. Die Nutzung in den jüngeren Generationen ist bereits gesättigt. Das Wachstum wird seitdem vor allem von Erwachsenen ab dem 29. Lebensjahr nach oben getrieben. Selbst die Nutzungszeiten der Ü50-Generation steigen mittlerweile stetig an.

Angst vor dem Sozialen

Je höher die Nutzung, desto höher der Bedarf an Handlungsempfehlungen. Die ersten Seminare und Workshops zur „Digitalen Entgiftung" werden bereits in Deutschland angeboten. „Digital Detox" ist eine mental-beeinflussende Methode, die darin besteht, für einige Tage auf das Smartphone gänzlich zu verzichten und den Fokus mehr auf die Kommunikation mit dem eigenen Inneren („Was will ich aktuell wirklich?") und nach außen, auf die Mitmenschen zu richten. Dank Smartphones in der Hosentasche wissen wir das oft zu verhindern. Oder wann haben Sie das letzte Mal einen Passanten in einer fremden Stadt nach dem Weg gefragt? „Das ist ja viel zu aufwändig." „Auf eine fremde Person zugehen? Nö." „Die könnten mich ja blöd angucken und sich fragen, wo kommt die Person denn her?" „Dem sage ich mal gar nichts." Es handelt sich dabei um Antworten von Kongressteilnehmern auf die Frage, warum sie nicht Passanten nach dem Weg, sondern lieber ihr Smartphone fragen.

Haben wir Angst, dass uns ein falscher Weg gezeigt wird? Möchten wir gar nicht mehr so gern auf Menschen zugehen? Ersetzen wir nicht zunehmend den sozialen Kontakt durch mobile Daten? Wir könnten uns ärgern, weil wir wieder wichtige Wischzeit – Entschuldigung: Lebenszeit – verdaddeln, statt den sozialen Kontakt zu suchen.

Diese vielfältigen Ängste, Scham und Introvertiertheit lassen immer mehr Menschen lieber die App-Maschine aus der Tasche zücken und einem fremden Kartendienst vertrauen als den sozialen Dialog zu suchen. Immer mehr sehen darin sogar einen wichtigen Vorteil ihrer eigenen Smartphonenutzung.

Doch es lohnt sich auch ein völlig anderer Blick auf das Phänomen. Welche Wirkungsmechanismen entstehen bei häufiger und anhaltender Smartphonenutzung bei uns Menschen? Und haben diese wiederum Konsequenzen für unsere Gesundheit, Glück und Wohlbefinden?

Neurowissenschaftliche Grundlagen

Was uns Menschen an den zahlreichen Digital-Geräten hält, ist mit Hilfe der neurologischen Wissenschaft und der Psychologie zu erklären. Die Begeisterung für Neues entspringt unserer Neugier. Diese stimuliert das limbische System in unserem Kopf, das wiederum im Zusammenspiel mit anderen Hirnarealen für die Verarbeitung unserer Emotionen und für unser Triebverhalten verantwortlich ist; vor allem für die Ausschüttung von Endorphinen. Endorphine sind körpereigene Morphine. Sie werden mitverantwortlich gemacht für die Entstehung von Euphorie.

Wussten Sie schon, dass Neugier die Triebfeder für gute und schlechte Laune ist?

Euphorie steuert das Denken und Handeln von Menschen, die man als neugierig, humorvoll, spaßgetrieben, hedonistisch, offen, kreativ, extravagant beschreiben kann. Neugier geht der Euphorie voran. Sie ist ein angeborener Trieb, um Menschen im Alltag zu stimulieren und bei Laune zu halten. Verhalten sie sich neugierig, zum Beispiel indem sie immer hinter den neuesten Nachrichten und Benachrichtigungen her sind, so halten sie sich bei Laune. Doch irgendwann tritt die digitale Sättigung ein und die gute Laune schlägt ins Gegenteil um.

Auf Neugier folgt schlechte Laune

Damit die dauernde Neugier befriedigt werden kann, suchen Menschen nach Neuem und Unerwarteten. Das Smartphone ist ein Mekka des Neuen. Die neuen Funktionen, die neue App, der neue Kontakt, die neue Nachricht eines Kontaktes, ein neues Like in Facebook, eine weitergeleitete Nachricht in Twitter, die neue E-Mail die vielen Updates. Die meisten bergen Neues und Überraschendes, zum Beispiel, dass Sie ein „Jesus von Nazareth" als Facebook-Freund eingeladen hat oder eine Nachbarin auf Facebook ihren Beziehungsstatus geändert hat. Sie ist plötzlich und unerwartet verheiratet. Das wäre doch ein schöner Grund für eine persönliche Einladung zu einem realen Kaffeekränzchen ;-)

Die Vielzahl an Informationen fließt in das neuronale Sammelbecken. Unser Frontalhirn, verantwortlich für die gesamte Informationsaufnahme und für die Weiterleitung der Information in den relevanten Hirnbereich, arbeitet dauerhaft auf Hochtouren. Es sehnt sich nach Erholung und mittelfristiger Entlastung von der steigenden Reizüberflutung. Die Orientierung gerät durcheinander und das kann dem Menschen erheblichen Schaden zufügen. Sie leben dann „in einem Nebel euphorisierender Neurotransmitter" (Teuchert-Noodt 2016). Reflexion kann nicht mehr stattfinden. Der heranschleichenden Abhängigkeit sind dann Tür und Tor geöffnet.

In den Depri wischen

Der Stresspegel steigt, ohne dass wir unmittelbar körperliche Symptome wahrnehmen. Die Temperaturen im Wechselbad von Glücks- und Unglücksgefühlen durch die allzeitliche Nachrichtenlage auf den mobilen Endgeräten schlagen über die Zeit immer höher aus. Die Wiederholung schürt das (vermeidbare) Unglück. Das neue Fahrzeug des Nachbarn, der tolle Urlaub eines Bekannten – meist sind es materielle Dinge und Statusunterschiede, die den größten Neid verursachen.

Sollten Sie am Montagmorgen auf dem Weg zur Arbeit also bereits schlechte Laune haben, schauen Sie sich an der nächsten roten Ampel flugs die neuen Urlaubsbilder Ihrer Freunde an. Nichts zieht so sehr runter du macht neidischer als ein Urlaubsbild eines Freundes mit Sonnenbrille und Hut am Strand im Süden, eine Caipirinha in der Hand und dem Bildtext „Alles easy hier – prima Wetter! Malocht nicht so viel zu Hause. Prost!"

> *Wussten Sie schon, dass heute jeder Zweite nach der Nutzung von Facebook mit negativen Gefühle kämpft?*

Der soziale Vergleich macht auf Dauer krank. Das ist abhängig von der eigenen Persönlichkeit. Menschen mit einer höheren neidhaften Disposition neigen schneller zu pathologischen Symptomen.

Der Zusammenhang zwischen der Nutzung sozialer Netzwerke und dem subjektiven Glücks- und Unglücksempfinden wird wissenschaftlich wiederholt bestätigt. Die tägliche Nutzung der Facebook-App von durchschnittlich einer Stunde führt bei jedem zweiten Nutzer zu stimmungssenkenden Wahrnehmungen, die pathologisch zur Depression führen können. Die depressive Wirkung bestätigen mittlerweile einige Sudien (Technische Universität Darmstadt 2013), darüber hinaus auch eine Untersuchung im Journal of Social and Clinical Psychology (Steers et al. 2014). Sie zeigt, dass bei jungen Männern die Dauer der Facebook-Nutzung mit dem Ausmaß von depressiven Symptomen korrelierte. In einer anderen Auswertung, die die sozialen Vergleiche berücksichtigte, kam heraus, dass auch junge Frauen anfällig für die Gemütsfallen des sozialen Netzwerks sind. Der Prozess ist schleichend und verläuft über einen meist langen Zeitraum von Monaten bis Jahren. Jeder zweite Digitaluser driftet im Laufe seiner Wischkarriere lachenden Auges einmal in den Deprimodus. Es sind aber nicht nur die Urlaubsbilder.

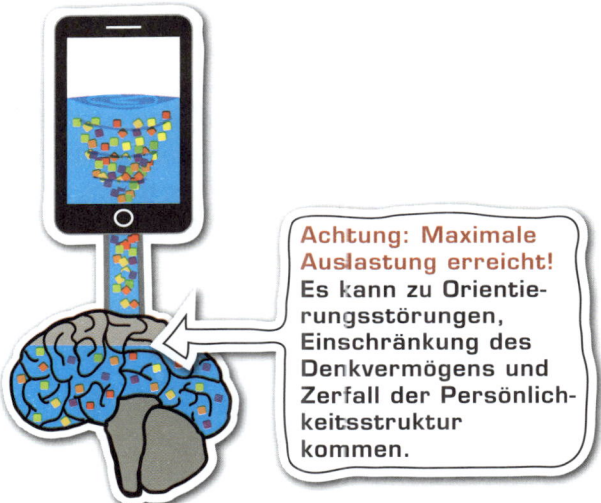

24/7-Nachrichten ziehen runter

Nachrichten aus dem Heute-Journal oder der Frankfurter Allgemeinen bringen Menschen selten zum Lachen. Stattdessen meldet die Medienwelt uns meist verdächtiges Fehlverhalten von Menschen aus allen Lebensbereichen und gesellschaftliche Konflikte.

Auf der anderen Seite zeigt uns die digitale Medienwelt die Schönen und Reichen flanierend auf den Catwalks der Metropolen dieser Welt. Digitale Medien machen fremde Realitäten sofort verfügbar. Ich frage mich, was für einen Sinn es für das Wohlbefinden und die eigene Arbeit jenseits des Journalismus stiftet, sofort über Katastrophen und Fehltritte informiert zu sein. Bedrohen sie das Leben? Bedrohen sie unmittelbar die Existenz? Nein, sie befriedigen die Neugier und die Sensationslust des Menschen. Die römische Arena halten wir heute in unseren Händen und lehnen uns in dem Glauben zurück, wir würden das Arenaprogramm bestimmen können.

Angst, Neid und Missgunst sind eingehüllt in kleine Benachrichtigungs-Pingpongs. Das Smartphone degeneriert zur Abfüllanlage im Taschenformat. Und so werden täglich Angst und Neid in unseren Taschen und Händen herumgetragen. Wir penetrieren uns geistig selbst. Und dann fragen mich Zuhörer nach einem Vortrag, warum Menschen gefühlt immer neidischer und ängstlicher werden, und Erwachsenenmalbücher (zum Beispiel Basford 2013) Verkaufsschlager werden ...

Kapitel 2

Digitales Kommunizieren –
Spielend leicht ... in den Wahnsinn

„Wer stark ist, kann sich erlauben, leise zu sprechen."

Theodore Roosevelt

„Turteltauben" nutzen es, Erwachsene nutzen es, Eltern und Großeltern nutzen es, Kinder und Jugendliche sowieso: 91 Prozent der 12- bis 19-Jährigen nutzen WhatsApp und andere Messenger-Dienste in der digitalen Kommunikation (Statista 2015). Vor allem Mädchen und junge Frauen stellen eine knappe Mehrheit aller Messenger-Nutzer dar. Liegt es an den Bedürfnissen von geübter Kommunikation und begieriger Bewahrung persönlicher Geheimnisse?

Kein Kommunikationstool symbolisiert die digitale Kommunikation stärker als der seit 2014 zu Facebook gehörende Messenger-Dienst WhatsApp. Weltweit sind 1 Milliarde Nutzer bei WhatsApp registriert (Stand Januar 2016). Europaweit nutzen 33 Prozent, deutschlandweit 64 Prozent aller 16- bis 69-Jährigen diesen Messenger. Monatlich werden über alle Altersgruppen hinweg durchschnittlich 1.267 Nachrichten versendet und 2.267 Nachrichten empfangen, darunter 40 Fotos und 15 Sprachnachrichten (Statista 2015). Diese beeindruckenden Zahlen geben einen Hinweis auf die Durchdringung digitaler Kommunikation über mobile Geräte.

3.000 Nachrichten im Monat

WhatsApp-Nachrichten (dazu zählen auch ähnliche Messenger-Dienste) werden pro Monat geschrieben und gelesen. Nicht ungewöhnlich ist daher die Geschichte eines 17-Jährigen, der viel Freizeit für seinen Sport verwendet – also nicht den ganzen Tag vor dem Bildschirm hockt wie die meisten seiner Freunde und Bekannten:

> Als besagter 17-Jähriger im Bus sein Smartphone verlor und es glücklicherweise zwei Tage später wiederbekam, schaltete er es an. Wird es noch funktionieren? Werden noch alle Daten vorhanden sein? Nachdem es erfolgreich startete und er seinen vierstelligen Pin eingab, erhielt er sofort unzählige Benachrichtigungen von WhatsApp. In den beiden vergangen Tagen waren insgesamt 1.029 neue WhatsApp-Nachrichten eingegangen. Eine solche Anzahl in diesem Zeitraum erhält noch nicht einmal der amerikanische Präsident.

Da verwundert es nicht, dass so mancher Mensch mit einem Haltungsschaden und einem Katzenbuckel nach als Bodengucker durch die (virtuelle) Welt läuft. Wohl dem, der eine App besitzt, die ihn vor Laternen, Bäumen und Straßenübergängen beschützt, oder über die analoge Wahrnehmung noch rechtzeitig die Bodenampeln in Augsburg entdeckt (siehe Kapitel 1 „Abfüllanlage im Taschenformat – Wie Smartphones Angst und Neid füttern").

Wahnsinn WhatsApp-Gruppen

Eine Steigerung des Nachrichtenaufkommens findet in den WhatsApp-Gruppen statt: Jeder WhatsApp-User kann eine Gruppe eröffnen und andere WhatsApp-User einladen. Jedes Gruppenmitglied kann anschließend (Sprach-)Nachrichten oder Fotos in die Gruppe senden, die zugleich von allen Online-Geräten empfangen und angezeigt werden. Die meisten User sind mindestens in einer WhatsApp-Gruppe Mitglied, viele machen mit, einige schalten genervt ab, nur wenige fangen gar nicht erst an.

Die Kommunikation nicht nur mit einem, sondern gleich mit mehreren Kommunikationspartnern – synchron und asynchron zugleich – ist die neu-digitale Version eines interaktiven Nervenkriegs. Dies gilt vor allem für die Smartphone-Massenkommunikation in den WhatsApp-Gruppen.

Die Nutzer finden viel Gutes daran: „Niemand gibt dir in dieser einseitigen Kommunikation ein Feedback". „Keiner quatscht dazwischen oder stellt Fragen". „Du kannst deinem Ego und deiner geistigen Genialität ohne Unterbrechung freien Lauf lassen". „Endlich, endlich ich bin frei". Da fehlt wirklich nur noch der Sex-Roboter (siehe Kapitel 8 „Faul und bequem – Wisch-Roboter und andere"), um dem narzisstischen und egomanen Leben den letzten Schliff zu verleihen.

Warum WhatsApp-Gruppen irre machen

Die Funktion der synchronen und asynchronen Kommunikation hat ihre Tücken. Dies erfährt ein guter Freund von mir nahezu täglich. Er lebt in einer Großstadt, hat drei Kinder und lebt mit weiteren kinderreichen Familien in derselben Straße. Die Kinder sind alle zwischen sieben und acht. Neun Familien verabreden sich, die Kinder im täglichen Wechsel zur gemeinsamen Schule zu begleiten. Gesagt, getan: Eine neue WhatsApp-Gruppe ist geboren. Neun Familienmitglieder, eine durchaus überschaubare Anzahl, die Regeln vorher klar abgesteckt: Wer begleitet die Kinder an welchem Tag, was passiert bei Regen? Waren die Kommunikationsbeiträge anfangs noch kurz, teilweise lustig und motivierend (Smileys, „Guten Morgen an alle!"), tauchten die ersten Probleme auf, als ein Elternpaar zum verabredeten Tag nicht kann. Jemand anderes muss einspringen. Doch wer? Und mit solchen Störungen nimmt das Elend digitaler Entscheidungsfindungen seinen Lauf. Hier ein kleiner Auszug:

> Sascha: Ich kann heute nicht. Muss früher zur Arbeit
>
> Claudia: Wie machen wir das jetzt?
>
> Sandra: Michael kann doch mal wieder!
>
> Michael: Nein, wieso ich? Ich war erst vorgestern!
>
> Claudia: Ja, Michael, der geht nie!
>
> Birgit: Find ich gut ;)
>
> Sabine: Also, ich kann nicht.
>
> Thorsten: Das ist mir jetzt zu blöd hier.
>
> Ingrid: Jetzt kotz hier mal nicht so rum.
>
> Claudia: Ja, bleibt mal alle locker
>
> Claudia: Wenn Michael nicht immer die ganze Nacht Glotze schauen würde, wäre er morgens fitter.
>
> Michael: Ich glaub, jetzt geht's los

Und so weiter und so weiter ...

Offensichtlich kann der beliebte Messenger jede noch so harmonische Beziehung durch sich aufschaukelnde Missverständnisse und Vorurteile erschüttern. Eine „digitale Gruppendynamik" verändert nicht nur die Kommunikationskultur, sondern füttert auch individuelle Vorurteile und unterstützt die „Verrohung der Sitten" in der Gesellschaft (Decker et al. 2016) und die Charaktereigenschaft „Ungeduld" – nicht gerade die besten Voraussetzungen zur Entwicklung langfristiger Eigenschaften wie Empathie und Mitgefühl.

Gleiches ist zu beobachten, wenn Kommunikationspartner nicht innerhalb von 10 Minuten auf eine Nachricht antworten. Diese Zeitspanne entspricht der psychologischen Toleranzgrenze, mit deren Überschreiten wir uns versetzt und unbeachtet fühlen, während wir gebannt unser Smartphone oder Tablet hypnotisieren. Ein Nichtbeantworten wird von immer mehr Menschen als Missachtung und Ablehnung interpretiert. Das ist das Öl im Feuer einer wachsenden Radikalisierung digitaler Einbahnstraßen-Kommunikation, auf welcher digitalen Plattform auch immer.

Von Bürsten und Brüsten

Wie äußert sich die oben angedeutete neu-digitale Version des interaktiven Nervenkriegs? Die User sagen: „*Ich bin mit Whats-App schneller und effizienter.*" Die subjektive Wahrnehmung basiert durchaus auf einem positiven Nutzungsempfinden. Und doch erscheint sie bei genauerer Beobachtung höchst ambivalent: Nervenaufreibende Dialoge und aneinandergereihte ichbezogene Botschaften bedingen einander. Wechselseitiger Austausch mit aufeinander bezogenen Inhalten verkommt zum Einbahnstraßen-Posting-Wettbewerb. Was telefonisch schnell zu klären wäre, beschäftigt mehrere Menschen den ganzen Tag. Konzentration ade, es lebe die Ablenkung.

Die Autokorrektur der Smartphones verschärft das Identifizieren von Sinnzusammenhängen weiter. Eine Funktion, die niemand beachtet, die immer standardisiert aktiviert ist und die erst bemerkt wird, wenn falsch autokorrigierte Nachricht bereits versendet wurden. So wird aus dem Schleckerbonbon „Maoam" schnell das Gift „Napalm" oder aus dem Computer „ASUS" der ... „Anus" (Jahner 2014). Die Frage „Was machst du so?" kann dank Autokorrektur erstaunliche Antworten bringen. Zum Beispiel: „Meine Haare föhnen und meine Brüste suchen." Gemeint waren aber sicher nicht die Brüste der Dame, sondern ihre *Bürste*.

Zu doof selbst für Geheim-Datenbanken

Neben den – oft witzigen bis peinlichen – Autokorrekturen wird aufmerksamen WhatsApp-Nutzern auch immer mal wieder Folgendes auffallen: Rechtschreibung hat durch Reformen und digitalen Informations-Overload durch Textproduktion dauerhaft an Bedeutung verloren. Eine von der National Security Agency (NSA) durchgeführte Analyse brachte bei über zwei Dritteln des deutschen Schriftverkehrs *„mangelhafte bis ungenügende Rechtschreibung"* zu Tage. Über 99 Prozent der schriftlichen Konversation seien *„belanglos und objektiv uninteressant"* und führten dazu, dass das Auslesen der *„schlecht geschriebenen Texte"* wirtschaftlich ineffizient sei. Das Dechiffrieren solcher *„fehlerhaften Rechtschreibung"* erfordere speziell ausgebildete Fachkräfte und verursache somit zusätzliche Kosten (Die Weltpresse.de 2014). Was für den persönlichen Datenschutz förderlich ist, ist für Geheimdienste ineffizient. Erschreckend.

Dass in immer mehr Grundschulen das Erlernen der Schreibschrift abgeschafft werden wird, zeigt die Erwartung der Digitalisierungs-Demagogen an ihre Zukunft: Eine durchdigitalisierte und automatisierte Welt mit Sprachcomputern und Robotern, die uns scheinbar lästige Routinen wie Schreiben, Lesen und Kopfrechnen abnehmen, braucht diese physisch-geistigen Fähigkeiten nicht mehr. Stattdessen mutiert die Handschrift zu einfachen Wischbewegungen und Stakkato-Tippen auf Tablets und Smartphones. Das ist die Zukunft einer unreflektierten Digital-Euphorie von potenziell selbst Wischabhängigen und Online-Junkies. Und was diese Menschen toll finden, muss auch toll für andere sein.

Psyche im Eimer

Die digitale Überflutung von Geräten und automatisierten Assistenten in der Hosentasche führt, nach Beobachtung des Bonner Kinderpsychiaters Michael Winterhoff, zu einer kollektiven Schädigung der Psyche (Winterhoff 2015). In seiner Praxis erlebe er seit Mitte der 90er Jahre, dass sich immer mehr Kinder nicht altersgerecht entwickeln. Diese Veränderung lasse sich inzwischen auch bei Erwachsenen erkennen: *„Die Entscheider für den Bau des Berliner Flughafens verhalten sich wie Kinder, die sich gegenseitig bekämpfen.“* Ebenso gehe die Bildungspolitik *„immer weiter den Bach runter“* – unter anderem durch Abschaffung der Schreibschrift. Und wenn es dann erst flächendeckend die Tabletklassen gibt …

Da möchte ich nur mal wissen, wie später die Unterschriften auf den Kreditverträgen zum Kauf des neuesten iPhones 17s aussehen werden. Es werden wohl die berühmten drei Kreuze aus den bekannten John Wayne-Westernfilmen sein oder einfach nur der Fingerabdruck, den wir von den neuesten Smartphones kennen. Das Geschäft mit gefälschten Unterschriften erhält bei der Fingerabdruck-Technologie neue Wachstumschancen. Werden dann Finger gesammelt oder mit Pinsel und Pulver die Wischscheiben unserer Bedienoberflächen bepinselt und abgedruckt? Wir sollten auf unsere Wischbretter noch besser aufpassen und diese niemals irgendwo liegen lassen.

Der Wandel der Kommunikation ist nicht nur positiv

Der pausenlose und flächendeckende mediale Konsum auf allen Kanälen führt zu einem Kulturwandel, den die Menschen nicht wollen. Immerhin 39 Prozent der Deutschen blicken nach einer Allensbach-Studie *ambivalent und skeptisch auf die Zukunft der digitalen Gesellschaft"* (Institut für Demoskopie 2014). In der Altersgruppe 33 bis 44 Jahre sind die Kritisch-Reflektierten im Verhältnis zu den Chancen- und Hoffnungsträgern der Digitalität in der Mehrheit. Zahlen, die weniger mit der „German Angst" oder der Demografie zu tun haben als vielmehr mit dem Gefühl, dass die ungebremste und unreflektiert vorangetriebene Digitalisierung nicht automatisch und vor allem nicht alternativlos gut ist. Geschweige denn, dass sie für ein Mehr an Wohlbefinden und Glücksempfinden der Menschen sorgt.

Das Beschriebene zeigt exemplarisch, womit sich die Hardcore-WhatsApper beschäftigen. Neben sinnvollen Anwendungen, die es für ausgewählte Lebensbereiche fraglos gibt, stechen die negativen nun mal besonders heraus. Sie sind Beispiel für die mangelnden Fähigkeiten bei Kindern, Jugendlichen und Erwachsenen, soziale Werte und Sitten in digitalen Räumen zu bewahren und zu pflegen. Dazu degenerieren sprachliche und grammatikalische Fähigkeiten, sobald in einem Messenger herumgetipselt und -gewischt wird.

Es kann nur eine grundsätzliche Lösungsalternative geben: Distanz bis zum Abschalten! Es schont die Fingerkuppen und Nerven und spendet Zeit für reale Lebenserfahrungen, von denen wir wissen, dass sie wirklich Wohl- und Glücksempfinden beeinflussen können. Also warum nicht spontan die Bewegung an der frischen Luft einleiten oder ein Picknick mit Freunden im Weinberg starten? Fünf Anrufe genügen, um ein soziales Ereignis spontan in die Wege zu leiten.

Kapitel 3

Stress und Resilienz – Zwei Seiten derselben Medaille

„Die schlimmste Herrschaft ist die der Gewohnheit."

Publilius Syrus

Wir lieben unsere kleinen Spielgeräte. In Hosen-, Westen- oder Handtaschen sind sie eingebettet, warm und geschützt. Sie sind zu unseren Lebensbegleitern geworden, so wie ein Haustier. Sie sind immer da und freuen sich, wenn wir sie in die Hand nehmen und streicheln. Denn dann können sie zeigen, was sie wirklich können. Sie gehorchen unseren Befehlen und Wischgesten und liefern uns oft prompt, was wir suchen. Wir können wirklich sinnvolle Anwendungen mit dem Smartphone in unser Leben integrieren: die Erreichbarkeit für die Familie, die Kinder und die besten Freunde, das Prüfen unseres Girokontos oder das Verfolgen der Fußballergebnisse unseres Lieblingsvereins. E-Mail, Messenger, Terminkalender und Adressbuch sind Beispiele für tatsächlich mögliche Produktivitätsvorteile.

Produktivität hat ihren Preis

Doch gerade wegen dieser gefühlten Vorteile kommen immer mehr Menschen immer seltener zum Abschalten. Schon bei Kindern und Jugendlichen – für die digitale Netzwerke und Messenger zum Leben gehören wie der Kopf auf die Schultern – ist das der Fall. Die Sinus-Studie „Wie ticken Jugendliche 2016" stellt bei Jugendlichen erstmals sogar eine Sättigung digitaler

Mediennutzung fest (Schau hin 2016). Und das hat Konsequenzen: Jeder Vierte der 8- bis 14-Jährigen gibt an, sich durch die permanente Kommunikation über Messenger-Dienste wie WhatsApp gestresst zu fühlen (Knop et al. 2015).

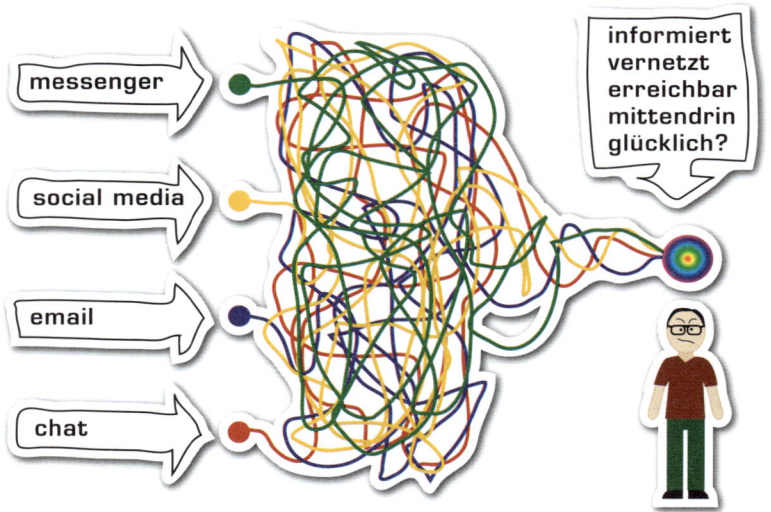

Darüber hinaus beobachten Mediziner zunehmende Überforderung, die sich oft durch Kopfschmerzen oder ADHS äußere. Die wachsende Nutzung der digitalen Medien stehe damit in engem Zusammenhang. Augenheilkundler weisen auf eine zunehmende Kurzsichtigkeit bei Kindern und Jugendlichen hin, verursacht durch die bis zu siebenstündige Smartphone-Nutzung pro Tag.[1] Acht Prozent der Kinder gelten als suchtgefährdet (Knop et al. 2015). Wen überraschen Verhaltensauffälligkeiten und körperliche Schäden bei täglich stundenlanger multimedialer Berieselung – und das über Jahre hinweg?

---

[1] Kurzsichtigkeit ist Folge eines zu starken Längenwachstums des Augapfels vor allem zwischen dem 6. und 18. Lebensjahr. In diesem Alter ist die Bildschirmnutzung am höchsten.

Digitale Resilienz – Persönlichkeit stärken

Kinder, Jugendliche und auch Erwachsene benötigen eine digitale Widerstandsfähigkeit, eine sogenannte digitale Resilienz. Der Begriff der Resilienz stammt aus der Psychologie. Darunter wird die psychische Widerstandsfähigkeit verstanden, mit deren Hilfe Krisen bewältigt werden. Entscheidend ist die Existenz von real existierenden persönlichen und sozialen Ressourcen als „Instrumente". Fehlen diese, fällt es dem Menschen schwerer, Krisen zu meistern und an ihnen zu wachsen. Es geht darum, diese persönlichkeitsbildenden Eigenschaften ohne Digital zu fördern. Dazu bedarf es in allen Fällen KEINER Digitalität. Erst die Herausbildung und Existenz resilienter realer Verhaltensmuster ist die Grundlage für einen gesunden und damit gezielten Einsatz digitaler Hilfsmittel.

Resilienz im klassischen Sinne basiert auf Kontrolle. Erst wenn wir wissen, welche Risiken Digitalität mit sich bringt, können wir unsere Lebenssituationen selbst und aktiv gestalten und das Beste daraus machen. Während wir zum Beispiel im Internet einen großen Handlungsraum haben, der es uns ermöglicht, miteinander zu sprechen und zu interagieren, führt es auch die künftigen Opfer und Täter von Beleidigungen, Hass und Mobbing zueinander. Kontrolle ist hier häufig nicht möglich. Viele werden zu Opfer und Täter zugleich, indem sie daran teilnehmen und selbst das Öl ins Feuer gießen.

Kontrolle bedeutet vor allem die Kontrolle über das eigene digitale Handeln. Muss das Smartphone 150 Mal am Tag aktiviert werden? Müssen Nachrichten just in time eingesehen werden? Muss die E-Mail sofort beantwortet werden? Muss das Facebook-Like JETZT erfolgen?

Die eigene digitale Widerstandsfähigkeit zu stärken, bedeutet Gewohnheiten zu durchbrechen, um die eigene Persönlichkeit zu stärken und weiterzuentwickeln. Dies gelingt nur, wenn das eigene digitale Handeln und Denken selbstständig und kritisch hinterfragt wird. Gestärkte Persönlichkeiten gehen mit Beleidigungen und übermäßigen Digitalkonsum kontrollierter um.

Schlechte Gewohnheiten

Dass es Zeit wird für die Förderung digitaler Resilienz, zeigen neben anderen die Nutzungszahlen der Uni Mannheim im Auftrag der Landesmedienanstalt NRW (Knop et al. 2015):

Jeder fünfte Jugendliche (21 Prozent) ist schon auf nicht jugendfreien Seiten gelandet, gibt schulische Probleme wegen seiner starken Handy-Nutzung zu (20 Prozent) und hat via Smartphone schon Gewalt-Videos mit entwürdigenden Darstellungen erhalten (19 Prozent). Kein Kulturgut hat unsere Kinder binnen 10 Jahren so schnell überfahren und abhängig gemacht. Doch weiter:

Jeder Siebte (15 Prozent) bemängelt, dass die echten Kontakte zu Freunden zu kurz kommen. Jeder Zehnte (11 Prozent) ist bereits Opfer digitalen Mobbings oder von Ausgrenzung aus Whats-App-Gruppen geworden. Randerscheinungen? Nein. Schulen möchten Ethik unterrichten und den Kleinsten in den Kitas Wischtrainings angedeihen lassen. Doch der Stachel sitzt bereits tief. Den bekommen sie nicht mehr so einfach gezogen.

Und die Jugendlichen? Sie klagen über Kommunikationsstress, da sich das Smartphone pausenlos bemerkbar macht. Verbieten oder Abschalten scheinen aber keine Optionen zu sein. Zu sehr sind sie mit dem virtuellen Leben verwachsen.

Bleibt die Hoffnung bei den Erwachsenen. Doch auch dort ist das Nutzungsverhalten nicht viel besser: Bis zu vier Stunden täglich wischen Erwachsene auf ihrem Lieblingsspielzeug herum.

Multimediale Berieselung, ob am Fernseher, Tablet oder Smartphone, ist die perfekte Abkoppelung vom Alltag. Doch für die meisten ist es eine schlechte Gewohnheit. Wie muss es ihnen VOR der Smartphone-Erfindung ergangen sein, in einer Zeit, in der es noch keinen dauerhaften multimedialen Stress gab?

Es beginnt bereits früh morgens

Für die meisten Erwachsenen beginnt der Digitalkonsum bereits am frühen Morgen, sobald das Smartphone den Weckton ausstößt. Erster Griff im Halbschlaf zum Smartphone, noch bevor das Nachtischlicht angeknipst wird. Ist auch nicht mehr nötig, denn das Display erhellt den Aufstehbereich hinreichend. Natürlich war das Smartphone die ganze Nacht online.

So stehen morgens „just-in-time" alle neuen Nachrichten und Benachrichtigungen zur Verfügung. Warten auf das Herunterladen ist nur etwas für Renegaten[2]. Die wichtigsten Nachrichten werden sofort angestupst und noch vor dem morgendlichen Toilettengang beantwortet. Der neuzeitliche und moderne Mensch braucht das – sofort und jetzt. Warten behindert, verhindert und ist nichts für einen innovativen, zukunftsorientierten Charakter. Dieser braucht früh morgens Datenfutter, damit die alltäglichen Junkie-Routinen richtig ins Rollen kommen.

Während des Frühstücks werden dann die B- und C-Nachrichten konsumiert, Bild.de nach spektakulären Headlines überflogen, der Blick auf Facebook – den neuen (und oft einzigen) Newskanal für den Euphoriker – darf ebenfalls nicht fehlen. Es wird schon stimmen, was dort steht. Keine Zeit für Reflexion, schon gar keine Sensibilität bei Widersprüchen, wenn eine drei Wochen alte Nachricht immer noch ganz oben steht. Egal.

---

2 Als Renegat wird ein Abtrünniger von einer herrschenden Meinung bezeichnet. Oft wird dieser zum Widerstandskämpfer stilisiert.

Auf dem Weg zur Arbeit: Kopfhörer rein. Musik an, Welt aus. Nebenbei schnell noch ein paar Twitter-Nachrichten absetzen. Dass es in der Stadt seit heute Nacht regnet, sollten unbedingt auch andere auf unserem Kontinent erfahren. Diese sozial-digitale Arbeit verursacht die nächsten Stressgefühle. Nebenbei muss auch auf den Verkehr geachtet werden. Alles darum nur schnell, schnell und oberflächlich.

In der Arbeitspause dann endlich mal hinsetzen und Zeit fürs Wischen nehmen. Die Konzentration auf die virtuelle Welt wird allerdings schon wieder unterbrochen, als der Chef die aktuellen Monatszahlen haben will. Die sollten schon am vergangenen Freitag vorliegen. Mist, ganz vergessen. Also schnell Excel an und Zahlen reinhacken. Das Smartphone neben der Tastatur macht andauernd „Pling". Die Antworten des morgendlichen Digitalengagements kommen rein. Die sind wichtiger, denn die machen ja glücklich! Werde ich gelesen? Bin ich beliebt? Mag mich meine digitale Familie noch? Was sind da so ein paar dämliche Excel-Daten im Vergleich zum menschlichen Glück auf Erden – dem Smartphone?

Während des Kantinenessens geht es weiter, fünf Kollegen am Tisch, alle wischen erst den Tisch sauber, dann ihr Smartphone ... Lustige Videos werden dem essenden Gegenüber gezeigt. Endlich, Ablenkung vom stressigen Arbeitsalltag ...

... die Geschichte ließe sich bis zum nächsten Morgen fortsetzen. Das Smartphone nicht nur als Lebensbegleiter, sondern als Ersatz für die Befriedigung tieferer Bedürfnisse (Wertschätzung, Anerkennung), die das normale Leben für einige Menschen häufig nicht (mehr) oder erst viel zu spät befriedigen kann. Also schnell das Wischbrett an und los geht's mit dem „fishing for compliments" für Narziss und sein Ego.

Die andere Seite der Medaille: der Stress- und Burn-out-Acker wird mit diesem Verhalten am besten gedüngt.

Das „Höher-schneller-weiter-Phänomen"

Hinzu kommt: Immer mehr Menschen arbeiten im Dienstleistungssektor. Hier gibt es keine Schichten, die Arbeit wird stattdessen in der Freizeit fortgesetzt. Mails, Tweets, Facebook- oder WhatsApp-Nachrichten, auf die viele sehr oft und zeitnah antworten – bis spät in die Nacht. Die Gedanken drehen sich und landen in endlosen inneren Dialogen – ohne Entscheidung. Abschalten unmöglich.

Das nenne ich das „Höher-schneller-weiter-Phänomen". Menschen glauben, da sie permanent über das Smartphone agieren und entscheiden können, sie könnten auch ihren Job beherrschen und somit das Bedürfnis nach Kontrolle befriedigen. Doch die Motive für dieses Handeln sind grundsätzlich unterschiedlich:

Das erste Motiv ist das Verlangen nach maximaler Selbstwirksamkeit. Das Handeln soll idealerweise sofort zu einer Wirkung führen. Keine Zeit mehr für Geduld oder Muße. Das Leben ist zu kurz geworden, um zwei Tage auf eine Antwort warten zu müssen. Und weil das die eigene Erwartung ist, wird sie durch schnelle Antworten sofort befriedigt. Doch Selbstwirksamkeit ließe sich in eine einfache Formal übersetzen:

Ergebnis = Konzentration + Zielorientierung

Die Konzentration nimmt allerdings bei dem beschriebenen Verhalten ab, falls sie überhaupt vorhanden ist. Gleiches gilt für die Zielorientierung. Das Ergebnis ist entsprechend ein Aggregat aus eilig formulierten Antwortstatements und flüchtiger Relevanz.

Das zweite Motiv ist die Vermeidung von Angst – der Angst, etwas zu verpassen. Dieses Phänomen wird „FOMO" genannt (Fear of Missing Out). Man könnte ja etwas verpassen, hätte man das Smartphone nicht dabei und würde es nicht durchschnittlich 150 Mal am Tag für neue Nachrichten und Statusupdates aktivieren. Es werden endlose innere Dialoge geführt, die von der Frage gesteuert werden, ob und was andere über einen denken oder nicht. Ein sinnfreier Zirkel, der dem Selbstbewusstsein in der Regel mehr schadet als dass er es aufbaut – und neben dem Zeitaufwand die Arbeit am Arbeitsplatz zudem auch noch unproduktiv werden lässt.

Das kann auf Dauer nicht gut gehen. Verhalten und Motive führen über kurz oder lang zu chronischem Stress, der den Menschen und sein Gehirn verändert. Diese Form und Intensität von Stressbelastung ist absolut neu in unserer Zeitrechnung und bisher noch nie dagewesen. Entsprechend haben wir als Gesellschaft noch nicht gelernt, mit diesen Herausforderungen umzugehen.

Ich spreche hier eher von Phänomenen als von Risiken und Nebenwirkungen, die es zu therapieren gälte. Wir müssen anerkennen, dass die Nutzung mit unseren neuen, kleinen digitalen Kulturgütern zu negativen persönlichen Konsequenzen führen kann, die die kleinen Produktivitätszuwächse sehr schnell wieder zunichtemachen. Darüber sollten wir Menschen uns erstens bewusst werden und zweitens lernen, es zuzugeben.

Selbstbeobachtung und Selbstreflexion

Ohne Selbstbeobachtung und Selbstreflexion kann ein gesteuerter und gesünderer Umgang mit Smartphone & Co. nur schwer erreicht werden. Die Erwachsenen sind hier gefordert: Sie wirken in vielen Lebenskontexten als Vorbilder und als Antreiber für andere, besonders für die jüngere Generation. Denken Sie an die roten Fußgängerampeln: Wegen der Vorbildfunktion gegenüber Kindern unterlassen es die meisten Menschen selbst bei freier Fahrbahn, bei Rot über die Straße zu gehen.

Sie bestimmen heute, wie die digitalen Innovationen der Zukunft in unserer Gesellschaft gelebt und sinnvoll eingesetzt werden. Sie sind die Ankerpunkte für die Erziehung und Bildung von Kindern und Jugendlichen, denen wir heute leider immer noch attestieren müssen, dass sie trotz eines zeitgleich mitgeborenen Smartphones eben nicht von Geburt an über die erforderlichen Fähigkeiten für den kritischen und sinnvollen Umgang mit digitalen Medien verfügen. Ich halte dies für eine der wichtigsten Aufgaben und Herausforderungen für Elternhäuser, unterstützt durch schulische und politische Aktivitäten.

Schließlich sind alle Beteiligten dafür verantwortlich, wann und wie stark unsere Kinder in einer komplexen Welt ihre Widerstandsfähigkeit und Resilienz entwickeln. Resilienz ist eine Grundvoraussetzung für die Übernahme von Verantwortung und ein selbstbestimmtes Leben. Und beide Grundwerte geraten ins Wanken, wenn die Phänomene der Digitalisierung nicht erkannt und konstruktiv für relevante Lebensbereiche gestaltet werden. Hohe Arbeits- und Lebensqualität wächst durch eine hohe Resilienz. Sie wird maßgeblich von den Eigenschaften Gesundheit, Vertrauen, Lösungsorientierung, Zielorientierung und Optimismus bestimmt. Wenn unser Geist jedoch durch täglich bis zu 150 Ablenkungen und stundenlanges Smartphone-Tackling mit digitalem Dauerfeuer beschossen wird, woher soll er die Zeit und Kraft nehmen, um diese Eigenschaften zu entwickeln und zu pflegen? Der Hirnprozessor, im Besonderen das Stirnhirn läuft den ganzen Tag bis in die Nacht auf Hochtouren, ohne Chance auf Pausen, Erholung und Entgiftung. Unsere schlechten Angewohnheiten und die daraus folgenden Dauer-Stressoren werden früher oder später Konsequenzen haben: Von Niedergeschlagenheit bis hin zu Depressionen, Vereinsamung durch Reduzierung des realen Freundeskreises, Introvertiertheit und abnehmende Empathie, um nur einige Symptome aufzuzählen, die im digitalen Freundes- und Bekanntenkreis zu beobachten sind.

Eine erfolgreiche Therapie im medizinischen Sinne gibt es nicht. Auch wenn sich die Pharmaindustrie darüber freut, dass der Konsum von Antidepressiva und Schlafmitteln in den letzten 15 Jahren um den Faktor 2 bis 4 gestiegen ist. Beide Substanzgruppen werden im Übrigen konsumiert, um die Gedanken ruhig zu kriegen, das Gedankendrehen in Endlosschleifen endlich abzuschalten.

Natürlich werden auch Apps angeboten, die dabei helfen sollen, Stress abzubauen. Die meisten davon sind sinnlos, denn Vogelgezwitscher oder Wasserfall-Geplätscher können Sie z. B. auch ohne App hören. Grundsätzlich funktioniert Stressabbau nicht über eine Software oder das Herumliegen auf dem Sofa bei TV-Konsum – im Gegenteil: Der gestiegene Medienkonsum fördert höhere Ablenkungs- und Wischzeiten ohne positive Effekte, der letzte Blick aufs Smartphone unmittelbar vor dem Schlafengehen verhindert das so nötige Abschalten. Anstatt also entspannende Naturgeräusche mit Hilfe einer App in der gewohnten stressigen Umgebung (am Arbeitsplatz oder zu Hause) zu erzeugen, sollte man sich für den der Gang in den Wald als nachweislich bessere Alternative entscheiden.

Selbstwirksamkeit und Resilienz sind erlernbar

Statt durch Pillen oder Entspannungs-Apps ist es sinnvoller und nachhaltiger, durch gezielte Auszeiten seinen Lebensstil zu reflektieren. Mit gesundem Menschenverstand, bewusster Konsumkontrolle und Aktivitäten, die den Geist ablenken helfen (Sport, Yoga, gutes Buch, Musik …) kann man bei Smartphoneritis Abhilfe schaffen.

Eine zeitliche Begrenzung der Smartphonenutzung ist nicht nur für Kinder entwicklungsförderlich und notwendig, sondern eben auch für Erwachsene. Ich schalte zum Beispiel um 21:00 Uhr alle digitalen Mediengeräte aus, das Smartphone kommt in eine Schublade und übernachtet dort bis zum Morgen, wenn es für die Arbeit wieder gebraucht wird. Es hat dort ein eigenes Bettchen mit einer kleinen Decke bekommen.

Kapitel 4
Arbeiten im Unterbrechungsmodus – Digitale Produktivitätskiller

„Es ist nicht zu wenig Zeit, die wir haben, sondern es ist zu viel Zeit, die wir nicht nutzen."

Seneca

In einer betriebswirtschaftlichen Vorlesung habe ich von meinem Professor einmal gehört, dass Unternehmen eine soziale Verantwortung hätten. Sie ständen mitten in der Gesellschaft und würden als „soziale Systeme" (der große Systemtheoretiker Niklas Luhmann lässt grüßen) Umwelt und Gesellschaft für ihre Entwicklung adaptieren. Sie wiederum hätten durch ihr Verhalten Einfluss auf Umwelt und Gesellschaft.

Das war 1991. Und das war seinerzeit ein neues Thema. Denn in dieser Zeit wurden sich einige Geisteswissenschaftler darüber bewusst, dass Unternehmen keine trivialen und ausschließlich gewinnmaximierenden Produktionsbetriebe sind. Viel mehr als das prägen sie mit ihrer Kultur und dem kollektiven Verhalten von Mitarbeitern und Führungskräften die Gesellschaft. Dies war der Kick-off für die Beschäftigung mit den Gestaltungsmöglichkeiten von Unternehmenskultur.

Während der Vorlesung dachte ich: Was für ein Typ ist denn der, der mir etwas von Wirtschaftsethik in Unternehmen erzählt. Die hatte ich auf besonders negative Art und Weise in meinem Ausbildungsunternehmen kennengelernt. Aber das ist ein anderes Thema.

Mitarbeiterstress verursacht ökonomische Verluste

Heute ist die Unternehmenskultur relevant für die digitale Mediennutzung von Mitarbeitern in Unternehmen. Die Frage ist: Wie verändert die private Nutzung von Smartphone & Co. kulturelle Werte und Normen eines Unternehmens? Die Notwendigkeit, diese Frage zu beantworten, ist abhängig vom Leidensdruck verursacht durch Produktivitätsverlust.

Immer mehr Unternehmen realisieren, dass Stress ökonomische Verluste bedeutet.

Viele Mitarbeiter schaffen durch eigene digitale Zugänge nicht mehr, sondern immer weniger. Können Sie sich daran erinnern, als in den 90er Jahren die betriebliche E-Mail aufkam oder die ersten Intranets mit den ersten Mitarbeiterseiten? War das nicht eine wilde digitale Aufbruchszeit? Die halbe Belegschaft versuchte sich vom Arbeitsplatzrechner aus an der Börse, am sogenannten „Neuen Markt", mit der Hoffnung auf schnellen Gewinn. Es gab die ersten Onlinebanken, über die man zu Börsenzeiten online zocken konnte. Schon damals arbeiteten immer mehr Mitarbeiter im Unterbrechungsmodus. Und diese Entwicklung sollte sich fortsetzen – nur mit anderen Inhalten. Die Arbeit wird heute etwa alle 10 Minuten durch digitale Helferlein unterbrochen. Bild.de, Facebook und WhatsApp haben die Börsenzockerei abgelöst.

Aber dann das: Unternehmen verkünden Verbote. Keine privaten E-Mails, keine private Internetnutzung, keine Shoppingseiten oder ebay auf dem Betriebs-PC. Die Konsequenz heute? Mitarbeiter wischen während der Arbeitszeit auf ihren privaten Smartphones und vertrödeln Arbeitszeit. Ist das wirklich so? Ja, so ist es. Es gibt Handlungsbedarf.

Wischen aktiviert den Stress-Turbo

Das Nicht-ablassen-Können von den kleinen Bildschirmen im Privaten zeigt bei Mitarbeitern Folgen: sinkende Konzentration durch wiederholte Unterbrechungen auf dem Smartphone, sinkende Produktivität und Zielerreichung. Der Stress bei Mitarbeitern wächst zwangsläufig. Der Verband der Internetwirtschaft, eco, schreckte die Wirtschaft schon vor zwei Jahren mit der gewaltigen Schadenshöhe von 500 Milliarden Euro auf, die weltweit jährlich aufliefen. Eco-Geschäftsführer Harald A. Summa hielt die entstandenen Schäden sogar für höher als den erzielten Nutzen der elektronischen Kommunikation. Die US-amerikanische Karriere-Plattform „Careerbuilder.com" ermittelte sogar, jeder vierte Arbeitnehmer sei während eines typischen Arbeitstages mindestens eine Stunde mit persönlichen Anrufen, E-Mails und Textnachrichten beschäftigt. Konzentrationskiller Nummer 1: Das Smartphone und unzählige SMS- und Textnachrichten während der Arbeitszeit (Lechtleitner 2014).

Konzentration wird wichtiger Produktionsfaktor

Lösungen für betriebliche Probleme sind immer seltener einfache Lösungen. Die Komplexität der Märkte und die gleichzeitig zunehmende Individualisierung von Kundenbedürfnissen zwingen Organisationen, ihre Prozesse und Abläufe laufend zu reflektieren. Veränderung ist auf der Agenda der Unternehmensstrategien ein Dauerthema.

Der jährliche Gallup-Index gibt regelmäßig Hinweise darauf, welche Konsequenzen diese Change-Szenarien auf das Mitarbeiterverhalten haben. Die Gruppe der engagierten Arbeitnehmer wird immer kleiner. Was übrig bleibt, ist eine große Gruppe von Arbeitnehmern (70 Prozent) mit geringer emotionaler Bindung an ihr Unternehmen. Die Konsequenz: Sie machen Dienst nach Vorschrift. Es brennt in den Unternehmen. Die Taschencomputer sind in vielen Fällen der immer volle Benzintank, der dieses Feuer zwar nicht allein verursacht, aber stetig anheizt. Ablenkung und verhinderte Konzentration führen zu Oberflächlichkeit und die führt zu … keinem Ergebnis.

So reagieren Unternehmen auf die Wischmania

Sie greifen teilweise zu recht rabiaten Mitteln. Die Smartphone-Nutzung wird während der Arbeitszeit verboten. E-Mail-Server werden ab 18:00 Uhr abgeschaltet und erst am nächsten Morgen wieder hochgefahren. Im Urlaub haben Mitarbeiter einzelner weniger Unternehmen keinen Zugriff auf die Unternehmensserver. Das Ziel ist: Stress reduzieren, Produktivität erhöhen, Mitarbeiter glücklicher machen.

Das geht so weit, dass Firmen ihre Mitarbeiter zu digitalen Entgiftungsseminaren karren (Trentmann 2015). So bietet das „Unplugged Weekend" ein Wochenende zum Abschalten, ohne Blackberry, iPhone oder iPad. Auch beim „Digital Detox"-Seminar müssen die Teilnehmer ihr Smartphone abgeben und erfahren bei Superfood und Meditation im Klostergarten, dass Bäume und Gras nicht auf dem Mars wachsen, sondern vor der eigenen Nase.

Das Menschenbild, welches dahinter steht, ist häufig fraglich. Es basiert auf dem unmündigen Mitarbeiter, dem nur die Autorität des Unternehmens zu Erholung und Therapie verhelfen kann. Und vor allem fehlt eine kooperative Lösungen förderliche Haltung. Denn wirkliche Verhaltensänderung entsteht – heute immer weniger – nicht durch Autorität und Befehl, sondern durch Information, Dialog und Reflexion. Schließlich ändert nur ein überzeugter Geist seine Haltung und legt damit die Basis für ein produktivitätsförderliches Arbeitsverhalten.

Ein Selbstversuch: Besuch eines „Digital-Detox-Seminars"

Als ich mich zu einem der ersten öffentlichen Seminare anmeldete, war ich äußerst interessiert daran, wie mich Stresstherapeuten, Tanzlehrer und eine Sängerin wohl von meinem geliebten Smartphone trennen und entwöhnen wollten, geschweige denn dass ich glaubte, dadurch Glücksgefühle zu entwickeln. Das Wischbrett war für mich ein wichtiges Arbeitsgerät, das ich zudem auch gern in den Händen hielt und nicht länger als eine Stunde missen wollte. Einsicht in die Notwendigkeit eines veränderungsfähigen Verhaltens bestand nicht. Die Neugier hingegen war groß.

Im Kloster angekommen merkte ich, dass das UMTS-Netz zwischen den dicken Klostermauern nicht funktionierte. Also galt meine erste Frage dem Passwort für das WLAN. Dieses Verhalten habe ich mir abgeschaut an den Rezeptionen von Urlaubshotels. Viele Gäste verlangen noch vor dem Zimmerschlüssel das WLAN-Passwort. Doch der Umgang damit war hier ein überraschend anderer: Mein Smartphone wurde mir an der Rezeption abgenommen und eingeschlossen. Ich bekam es erst am Sonntagnachmittag wieder. Und ich wusste nicht, was ich mit der abendlichen Zeit nach meiner Ankunft anfangen sollte.

Dafür habe ich nun 790,- Euro im Voraus gezahlt, erinnerte ich mich traurig. Mir kam in den Sinn, dass ich mir für dieses Geld ein weiteres Reserve-Smartphone hätte kaufen können. Ich hatte Mühe, meine Skepsis wegzuwischen. Mein Wischbrett war weg! Zum Glück hatte ich ein NoPhone[3] dabei. Eine in Amerika online erstandene iPhone-Attrappe ohne jegliche technische Funktion – das perfekte digitale Methadon. Ich spielte an dem Ding herum und schaute in den aufgeklebten Spiegel, der mir nichts anderes zeigte als mein eigenes reales Spiegelbild. Das war ein harter Entzug. Ich konnte mit meiner medienlosen Zeit nichts mehr anfangen. Ich beschloss, ein paar Bier zu trinken, und legte mich bald schlafen.

Der nächste Tag begann sehr früh mit einer Konzentrationsübung als Vorstufe zur Meditation. Früh bedeutete hier, dass ich um 5:30 Uhr aufstand und mich in einem Raum einfand, in dem sich nur eine Klangschale und mehrere kleine Kissen, auf denen die Teilnehmer Platz nehmen sollten, befanden. Nachdem ich auf dem Kissen saß und unter Schmerzen meine Beine gekreuzt hatte, erklang die Klangschale und der Raum füllte sich mit Stille. Ruhe war angesagt.

Es war erschreckend, wie laut plötzlich mein kleiner Tinnitus und das Atmen meiner Nachbarn zu hören waren. Beim Alltagswischen auf meinem Smartphone, zum Beispiel im Wartezimmer beim Arzt, ist mir das nie aufgefallen. Mittags dann

---

3 Viele Zuhörer meiner Vorträge kennen das NoPhone. Ich berichte gern über das aus einem erfolgreichen Crowdfunding-Projekt entstandene Gimmick. Infos und Shop unter: http://www.thenophone.com.

eine Tanzübung. Nach orientalischer Musik durften (mussten) wir uns frei im Klostergarten bewegen. Ich kam mir vor wie ein zugedröhnter Pink Floyd-Musiker während der Aufnahme von „Live in Pompeii" im dortigen Amphitheater[4]. So schwankte und tanzte ich geistig angetrunken und mental downgesized über den Rasen und ließ mich von der Musik in eine andere Welt tragen. Mir kam in dem Moment die Idee, gleich nach Rückkehr meines Smartphones aus dem künstlichen Winterschlaf mit der ebay-App eine alte grüne Armeejacke mit einem Peace-Symbol auf dem Rücken zu ersteigern.

Bis Sonntag habe ich komplett ohne Digital verbracht. Ich vermisste zwar die Telefonstimmen, Nachrichten-Updates und Live-Fotos meiner Kollegen. Doch erfuhr ich auch eine innere Ruhe, die mir über viele Jahre abhandengekommen war. Bis dahin fühlte ich mich dazu verpflichtet, immer erreichbar zu sein. Mich plagte immer wieder die Angst, mal etwas zu übersehen oder zu spät zu antworten. Im Schnitt bekam ich täglich nach 18:00 Uhr bis zu 30 E-Mails. Einen Großteil beantworte ich direkt, spät abends oder früh morgens. Abschalten konnte ich nicht. Ich habe es selber nicht gemerkt. Erst die Unterbrechung des Routinezustandes brachte die andere Seite wieder zum Vorschein.

Und danach? Da fängt die Arbeit erst an

Empfehlungen, die in diesen Kontexten häufig genannt werden, lauten, sich digitale Auszeiten zu nehmen. Den ganzen Technikkram einfach zur Seite legen, in eine Schublade, nicht sichtbar, den freien Zugang und die sofortige Verfügung vermeiden. Das geht ein paar Tage gut, aber dann zieht uns die Fremdbestim-

---

4   Es handelt sich hierbei m. E. um eine der kreativsten Aufnahmen der Psychodelic-Band aus dem Jahr 1971. Einige Biographen weisen auf einen erhöhten LSD-Pegel bei den Musikern während dieser Liveaufnahmen hin. Von Mitgliedern der Band wurde bestätigt, dass in dieser Zeit LSD ihr Hauptnahrungsmittel war.

mung wieder in ihren Bann. Zu mächtig ist die Sucht unseres limbischen Systems nach vielen kleinen digitalen Belohnungen.

Anstatt der Teufelsspirale des „Always on" fremdgesteuert zu folgen, habe ich inzwischen nicht nur die Nutzungsdauer und Nutzungshäufigkeit drastisch reduziert, sondern auch die Art der Kommunikation. Back to the Roots: persönliche Kommunikation und Besprechungen statt CC-Mailverkehr, schnelle telefonische Klärung statt tagelange WhatsApp-Chroniken, klare Vorgaben von Arbeitszielen und das Einrichten von digitalfreien Freiräumen. Seitdem mache ich nicht mehr alles und manchmal mehr schlecht als recht, sondern das Wichtige richtig. Das tut gut und strahlt auch auf die Stimmung bei der Arbeit und deren Qualität ab.

Aufmerksamkeitsdemenz in Meetings

Doch die allgemeine Realität sieht noch anders aus. In Meetings wird gewischt und getippt bis die Server glühen. Aufmerksamkeit für das Sitzungsthema? Die ist bei vielen nicht vorhanden. Verschenkte Arbeitszeit und ... verschenkte Lebenszeit. So steigt in Sitzungen die Aufmerksamkeitsdemenz von Mitarbeitern. Sicherheit gibt die Hoffnung auf das E-Mail-Protokoll. Tage später ist zu erfahren, was während der eigenen Anwesenheit in dieser Sitzung besprochen wurde.

> „Hab ich noch nie gehört, dass wir ein neues Produkt haben!" sagt der Marketingmitarbeiter zum Produktmanager nach einer Sitzung, der ich einmal bewohnen durfte. „Wir müssen sowieso mal an der internen Kommunikation was machen!" ist sein Lösungsvorschlag.

Der verantwortungsvolle Umgang kann mit einer dem Unternehmen angepassten Nutzungsstrategie umgesetzt werden, in der u a. Vereinbarungen dazu getroffen werden, ob und wie mit den neuen digitalen Möglichkeiten umzugehen ist. In einer so entwickelten Nutzungskultur gehen Führungskräfte voran und werden Mitarbeiter miteinbezogen. In Sitzungen könnte das Smartphone auch mal abgeschaltet werden und die Sitzungszeit auf 30 Minuten begrenzt werden.

Führungskräfte haben Vorbildfunktion. Es bedarf daher mehr Führungsfiguren in den Unternehmen, die mit gutem Beispiel vorangehen – und der Entschlossenheit des Einzelnen, sich nicht von der digitalen „App-phorie" fremdbestimmen zu lassen.

Rabiate Maßnahmen wie Verbote bringen dabei wenig. Aufklärung, Information und Selbstreflexion sind erstrebenswertere Managementwerte auf dem Weg zu einem mündigen Unternehmen und zu mündigen und konzentrierten Mitarbeitern. So nehmen Unternehmen soziale Verantwortung nach innen wahr, die auch von außen wahrgenommen wird. Das Unternehmen wird damit attraktiver für Mitarbeiter und Kunden.

> *Den Unternehmen kommt eine noch unterschätzte Vorbildrolle für den Umgang mit Digitalität in unserer Gesellschaft zu.*

Ach übrigens, wenn es Sie interessiert: Die grüne Armeejacke mit dem Peace-Symbol auf dem Rücken habe ich mir tatsächlich zugelegt[5] – ohne Smartphone, App und ebay: in einem Second-Hand-Laden in Heidelberg. Analog? Geht doch!

---

5 Ein Foto dazu gibt hier unter „Fotos" auf meiner Facebook-Seite: https://www.facebook.com/ProfDrGeraldLembke/

Kapitel 5

Überfahren und weggewischt – Auf zur Putz-Olympiade

„Lache nie über die Dummheit der anderen. Sie ist deine Chance."

Winston Churchill

Auf dem Rückweg von der Arbeit nach Hause traute ich irgendwann meinen Augen nicht: Auf der Autobahn überholt mich jemand auf der linken Spur, mit hektischen Bewegungen bedient er sein Smartphone, das an der Windschutzschiebe hängt. An der nächsten Ampel stehen drei Menschen, die alle mit gebeugtem Rücken auf ihr Smartphone starren. Kurz vor Ankunft kommt mir eine Radfahrerin entgegen. Mit der einen Hand hält sie den Lenker fest, mit der anderen Hand das Smartphone, auf dem sie amüsiert eine Nachricht eintippt. Beinahe wäre sie auf der Motorhaube meines Autos gelandet.

Jeder Fünfte läuft blind durch die Welt

Die jüngst erschienene DEKRA-Studie 2016 bringt es an den Tag (DEKRA 2016). 17 Prozent der Menschen laufen mit gesenkten Blick durch die Welt. Sie laufen gegen Laternen oder Bürotüren. Immer mehr Menschen in Großstädten sind durch ihr Smartphone unfallgefährdet abgelenkt. Berlin (15 Prozent) rangiert in Europa auf Platz 2 hinter Stockholm (23,55) (DEKRA 2016).

Separate Smartphone-Fußwege. Bodenampeln im Straßenverkehr. Die mobile Revolution hat Ausmaße angenommen, die sich einerseits niemand gewünscht hat, die aber andererseits schon längst zum Straßen- und Verkehrsbild in Deutschland gehören. Vor zehn Jahren waren es noch keine Wischphones, sondern einfache Nokia-Handys, mit denen man telefonieren und SMS schreiben konnte. Heute machen die Funktionsvielfalt und der Digitalstrudel vor nichts mehr halt. Die langfristige Konsequenz: Anstatt eine digitale Medienkultur mitzugestalten, unterliegen Menschen dem Konsumstrudel und riskieren zunehmend ihr Leben – always on, überall.

Digitaler Kick-off

Die Digitalisierung heute bedeutet vor allem eine Technisierung von analogen Lebens- und Arbeitsbereichen. Darin können wir vor allem bei mobilen Endnutzern immer häufiger neuartiger Verhaltensweisen erkennen (siehe oben). Sie sind Ausdruck einer sich völlig selbständig entwickelnden Digitalkultur. 2007 wurde das erste iPhone in Deutschland verkauft, was die mobile Digitalrevolution eingeleitet hat. Es sucht seitdem den Weg in unser Leben. Die Veränderung unserer Lebensumwelt war bereits in den ersten Jahren zu beobachten. Menschen mit dauerhaft gesenktem Blick (auf das Smartphone) rannten wahrnehmungsblind durch das Leben. Das iPhone stieß eine Entwicklung an, deren Motor jeder Mensch zwischen 6 und 99 Jahren in seiner Tasche trägt.

Umgang mit Wahrnehmungsstörungen

Wie wird bisher mit diesem Phänomen umgegangen? In Augsburg wurden die bereits erwähnten Bodenampeln an den Verkehrsübergängen installiert. Der Smartphone-Junkie muss nun noch nicht einmal den Kopf heben, um die Straße zu überqueren, sondern sieht die Ampelzeichen direkt im Blickfeld seines

Smartphones. Das Projekt mit dem Namen „Bompel" soll die „Smombies"[6] besonders schützen.

Im chinesischen Chongqing wurden für die Wischweltmeister eigens gekennzeichnete Fußwege eingerichtet, ausgestattet mit Warnschildern, die auf den Fußboden gemalt sind. Die Wege sind frei von Laternen und direkten Straßenübergängen. So sollen Passanten vor entgegenkommenden Passanten geschützt werden.

Wo sind wir in der Digitalität gelandet, wenn der Staat eingreift, um die Menschen zu schützen? Sollte es nicht viel mehr darum gehen, an die Vernunft und Selbstverantwortung des Einzelnen zu appellieren, anstatt den Menschen auch noch diese Fähigkeit abzusprechen und sie zu regulieren? Doch eigene Verhaltensveränderungen kosten Mühe, das will keiner. Also delegieren wir die Verantwortung.

---

6 Smombie" ist ein Kunstwort, die Kombination aus „Smartphone" und „Zombie". Als Smombies werden Menschen beschrieben, die von der Umwelt nichts mitbekommen, da sie ununterbrochen auf ihr Smartphone starren. Das Wort wurde übrigens zum „Jugendwort des Jahres 2015" gekürt.

Lieber tot als ohne Smartphone

Datenschutz, Regulierung. „Parlament und Regierung müssten sich in stärkerem Umfang in Gremien beteiligen, die schlussendlich international verbindliche Richtlinien verabschieden würden", sagte Michael Rotert, Vorstandsvorsitzender des Verbandes der Deutschen Internetwirtschaft (eco).

Die Regierung solle das Internet regieren. Das gelte zum Beispiel für den Datenschutz von Gesundheitsdaten. Doch eben durch diesen Datenschutz steckt sie in einem politischen Dilemma. Einerseits hat die Regierung den verfassungsmäßigen Auftrag, Schaden von den Menschen abzuwehren. Andererseits hofft sie, mit einer prosperierenden Digitalisierungsindustrie (vermutlich) die finanzielle Zukunft der Branche und des Landes aufrechtzuerhalten. Und das birgt nun mal Risiken.

Immerhin: Der Staat greift schon mal da ein, wo die Konsequenzen der digitalen Revolution täglich zu beobachten ist – auf der Straße, mit Bodenampeln.

Wir sind also ganz nah an China dran. Dort ist man sich dieses Nutzungsproblems aber schon viel länger bewusst. Die Regierung beobachtet seit Jahren einen signifikanten Anstieg von Unfällen, die durch Ablenkung und „Wahrnehmungs-Offs" bei der Smartphonebenutzung verursacht werden.

Das Menschenbild dort treibt aber noch bemerkenswertere Stilblüten. Es gibt ein chinesisches Sprichwort: „Es ist besser, jemanden zu überfahren und zu töten, als ihn anzufahren und zu verletzen" (Müller 2015). Immer häufiger zeigen Überwachungskameras in China, wie Autofahrer mehrfach über Personen fahren, bis diese endgültig tot sind.

Der Hintergrund ist so einfach wie erschreckend: Für einen Toten muss der Täter schlicht weniger zahlen als für einen Verletzten. Letzterer könnte regelmäßige Unterhaltszahlungen verlangen, sollte er bleibende Schäden davontragen. Eine bittere Perspektive für Smombies und Smartphone-Junkies, wenn sich dies auch in Deutschland herumspräche.

Sozialer Zusammenhalt degeneriert

In Deutschland haben sich in den letzten Jahren ähnliche Vorfälle ereignet, bei denen Menschen realen Hilfebedürftigen geholfen haben und von diesen anschließend misstrauisch angezeigt wurden. Es ist doch natürlich, einer älteren Frau, die aus dem Bus stolpert, wieder aufzuhelfen, sie vielleicht sogar auf ihrem Fußweg nach Hause zu begleiten und ihre Tasche zu tragen oder ihr mit ein wenig Kleingeld für ein Taxi auszuhelfen. Unnatürlich ist es dagegen, wenn diese Frau den Helfer anschließend wegen Schubserei und Körperverletzung anzeigt. So sind in China seltsame Entwicklungen zu beobachten, die es begünstigen, dass man den Blick vom Smartphone gar nicht mehr abwendet.

Oder diese Geschichte:

> Handysucht mit tödlichem Ende – der Fall einer 28-jährigen Frau. Die zweifache Mutter wurde von einer Überwachungskamera aufgezeichnet, wie sie auf ihr Handy starrend an einem Fluss entlanglief. Sie stolperte, fiel ins Wasser und ertrank. Niemand war in der Nähe, um die Frau zu retten. (Spiegel Online 2016)

Sie ist Anlass für die chinesischen Behörden in Wenzhou, vor der grassierenden Display-Fixierung im Straßenverkehr zu warnen. In Deutschland wiederum wenden sich Menschen in einem Bus ab und blicken auf ihr Smartphone, als ein Mann zusammenbricht und aus dem Mund blutend liegenbleibt. „Das Digitale verdrängt das Soziale" ist bereits erlebbar.

Vorne rein und hinten rausgefallen

Als ich gestern im Zug von Düsseldorf nach Mannheim saß, stieg in Köln eine Gruppe von circa 20 jungen Asiatinnen in den Waggon. Sie starrten bereits beim Einstieg auf ihre Smartphones und es war ein Wunder, dass die meisten überhaut ihren Sitzplatz gefunden haben und nicht bis zum Ende des Zugs rannten und hinten wieder rausfielen. Vermutlich hätten sie das noch nicht einmal bemerkt, solange ihre Smartphone nur weitergelaufen wären. Bei den vor mir sitzenden jungen Erwachsenen hatte ich dann – forschend neugierig wie ich nun mal bin – einen prima Blick auf die Bildschirminhalte. Und der neueste Trend sind Videobotschaften. Niemand telefoniert in dieser Zielgruppe mehr, sondern nimmt Selfie-Videos in unendlicher Länge auf und versendet die an seine Bekannten. Diese sitzen denn dort, Ohrstöpsel im Ohr, und schauen sich dies stundenlang ohne Pause an – bis, ja bis auch ihr Stirnhirn sagt: „Du, mein humaner Wirt. Jetzt schalt doch endlich mal diese Datenkanone ab, mit der Du mich seit Stunden beschießt. Und wenn Du das nicht selber machst, dann schalte eben ich Dich aus." Und schon schliefen sie, mit über den Sitzbänken ausgetreckten Beinen, das Smartphone auf ihrem Schoß fest umklammernd. Und das Tamagotchi singt ein Nachtlied.

Was Politik leisten sollte

Sind es nun die Smartphones, die das soziale Zusammenleben ‚egoisieren'? Oder ist es das menschliche Ego, das mit dem Smartphone nun endlich seinen Projektionskanal gefunden hat? Was war zuerst da, das Huhn oder das Ei? Hier kann Politik wenig regulieren. Die Realität sollte dazu führen, den Regulierungswahn zu dämpfen und stattdessen Programme zur Förderung der Selbstverantwortung in Form von Aufklärungs- und Präventionsprogrammen zu entwickeln. Dieses Geld kann nachhaltiger wirken anstatt in Pilotprojekten (wie die bereits erwähnten Bodenampeln) kurzfristig zu verpuffen.

Selbstverantwortung ade – Werde auch ich bald weggewischt?

Zu den Folgen der Smartphonenutzung gehört, dass Menschen immer häufiger wichtige Tätigkeiten unterbrechen und sich kaum noch konzentrieren können. Wissen wir überhaupt, was wichtig ist? Es macht den Anschein, als sei die Frage bereits zugunsten von Ablenkung und Entertainment entschieden.

Immer weniger Menschen können abschalten, sie geraten unversehens in einen digitalen Sog. Das ist im Straßenverkehr ein wachsendes Problem und für die gesundheitliche Versorgung eine zunehmende Herausforderung. Wie gehen wir mit den Folgen einer wachsenden und immer exzessiveren Mediennutzung um? Wie viel sollte in Präventionsprogramme investiert werden? Und vor allem: Wie erreiche ich die Menschen, die dieser Programme bedürfen?

Ein Alkoholkranker nimmt seinen Zustand häufig nicht als Krankheit wahr. Ein Digital-Abhängiger nimmt seine Abhängigkeit ebenso wenig als Abhängigkeit wahr. So sollten als eine erste Antwort auf diese Frage Bemühungen für die Information und Aufklärung unternommen werden. Intelligente Konzepte für ein *Präventionsmarketing* sind gefragt.

Noch immer verlangen Arbeitgeber, dass ihre Mitarbeiter auch nach Feierabend erreichbar sind – mit dem Ziel, Produktivität und Service zu erhöhen. Die Mitarbeiter nehmen ihr Diensthandy mit nach Hause und checken nebenbei in ihrer Freizeit ständig geschäftliche E-Mails. Ihr Ziel der Produktivitätssteigerung und Serviceerhöhung erreichen die Arbeitgeber auf diese Weise jedoch nicht. Das Gegenteil tritt ein. Arbeitsinhalte weichen dem Bedürfnis nach Ablenkung und Unterhaltung. Nach Feierabend wird gewischt, als ob es sich um eine Putz-Olympiade handelt. Wer am meisten wischt, bekommt den größten Preis in seiner (Online-)Community.

So werden wir voraussichtlich auch in Zukunft unsere ganz eigene tägliche Putz-Olympiade fortführen. Wir sollten uns fragen, warum eben gerade uns nicht das passieren sollte, was in China bereits alltäglich zu beobachten ist. Die Manager im Gesundheitswesen werden wohl mit bestem Beispiel vorangehen. Auch sie werden nach Feierabend weiter auf ihren Smartphones herumwischen, nur eben nicht zum Wohle ihrer Kunden, sondern zum Wohle des eigenen Belohnungssystems in Kopf und Bilanz. Prävention braucht mentale und geistige Vorbilder. Dem Gesundheitswesen spreche ich hierbei eine große Bedeutung zu. Krankenkassen und Verbände sollten mit Präventionsprogrammen Vorbildfunktion einnehmen und eine konstruktive Entwicklung anstoßen.

Kapitel 6

Paarschippen – Online-Baggern für ein Leben mit Glück

„Du kannst deine Augen schließen, wenn du etwas nicht sehen willst, aber du kannst nicht dein Herz verschließen, wenn du etwas nicht fühlen willst."

Johnny Depp

Irgendwann im Leben richtet sich für die meisten Menschen das Hauptaugenmerk auf die Suche nach einem Lebenspartner. Es ist nicht immer ein leichtes Unterfangen, seine eigenen Erwartungen mit denen eines zweiten Menschen in Einklang zu bringen, erst recht in der Werbungs- und Findungsphase. Doch ein mangelndes Angebot – zum Beispiel auf dem Lande – oder eine geringe Quote von Fotomodellnachwuchs an der Schule machte einige von uns früher oder später kompromissbereit oder kreativ, nicht immer zum Nachteil für das spätere Leben.

Tiefe Bedürfnisbefriedigung auf dem Sofa

Vielleicht erging es Ihnen auch schon einmal so: Sie sitzen um 20:00 Uhr auf dem Sofa, das Tablet oder den Laptop auf dem Schoß, die Oberschenkel werden schon langsam warm vom Rechner. Das TV-Programm zeigt „Bauer sucht Frau" oder „Hund sucht Katze" oder „Ich sehe was, was Du nicht siehst, und das ist nichts" – mit eingeworfener Werbung alle 18 Minuten. Langsam kommt durch die eintönige Medienroutine Langeweile auf. Aber da ist er, der zweite Bildschirm – auf dem Schoß.

Die Ablenkung von der Trash-TV-Einsamkeit. Klick, klickklick, E-Mail-Adresse und Passwort eingeben, Enter. Schon ist das digitale Paradies, eine Dating-Seite, geöffnet. Bilder und Profile in Hülle und Fülle. Der Abend ist gerettet. Nur noch wenige Klicks vom Glück entfernt.

Sie gehören nicht zu dieser Zielgruppe der digitalen Dating-Avantgarde? In Deutschland sind monatlich über 8,2 Mio. User auf Online-Dating-Portalen aktiv (Wiechers et al. 2015). Aktuell wächst die Zahl um rund 100.000 Nutzer jährlich. Weitere 3,5 Mio. User suchen im Internet nach Sexkontakten. Insgesamt haben die Deutschen seit dem Jahr 2000 weit über 100 Mio. Profile bei Dating-Portalen erstellt (Online-Dating-Markt 2014 bis 2015). Das sind mehr Profile als Einwohner in Deutschland …

Das Partnerschaftsthema beschäftigt in Deutschland 50 Prozent aller Menschen. 25 Prozent davon sind Einzelgänger und überzeugte Singles, die könnten aber nicht wollen (Nicht-Woller). 25 Prozent zählen zu den Beziehungsunfähigen, also jene, die gerne wollen, aber nicht können (Nicht-Könner). Ein Mekka für Vermittlungs- und Datingportale. Mindestens 75 Prozent der Singles können sich heute im Internet in ca. 3.000 Datingportalen anonym austoben (Wiechers et al. 2015). Die digitalen Kataloge sind voll von realen und fiktiven Herzen, Spannern, Seitenspringern und Fakeprofilen.

Das Seitensprungportal „Ashley Madison" wurde 2015 von Hackern eingesehen. Die Daten belegen es: bis zu 95 Prozent der Frauen-Profile waren frei erfunden. Demnach standen 31 Millionen angemeldeten Männern nur 12.000 echte Frauen gegenüber. Andere Anbieter arbeiten mit freien Mitarbeitern, die sich als an eine an einem Flirt interessierte Frau ausgeben und so Männer zu einem teuren Abonnement verleiten (Hegmann 2015).

Das Spiel mit den Zahlen

Es gibt mittlerweile allein in Deutschland ca. 3.000 Onlineportale, die Menschen miteinander verkuppeln und daran verdienen. Allein Parship hat in Deutschland geschätzt rund 5 Millionen registrierte Nutzer. Dabei sind auch die passiven Nutzer mitgezählt. Alle 11 Minuten verliebt sich ein Single über Parship weltweit (Parship. de 2016). Das sind in einem Jahr 52.560 Neuverliebte, und das bei aktuell geschätzten 11 Millionen Nutzern. Der Wert 0,37 Prozent (neuverliebte Singles weltweit pro Jahr) erfreut höchstens einen Polizisten nach dem Pusten in der Verkehrskontrolle, aber wohl kaum einen hoch bezahlten Verkupplungsmanager. Die Erfolge der Digitalität sind statistisch betrachtet längst nicht jene, die uns das Marketing weismachen möchte. Inzwischen wird davon berichtet, dass dem Anbieter die Singles weglaufen (N-TV 2016).

Lieber Paarschippen als Parship

Die Vermittlungszahlen der Portale sind „aufgehübscht", um noch mehr kostenpflichtige Registrierungen zu verkaufen. Die wirklichen Zahlen geben die Anbieter natürlich nicht heraus. Fest steht: Die Vermittlungschancen sind real, aber längst nicht in der Höhe, die uns kommuniziert wird. Wie doof für jemanden, der sich gerade erst in einem Portal eingeloggt und dafür im Voraus einen Haufen Geld überwiesen hat, durchschnittlich mehrere Stunden pro Woche investieren muss und dann feststellt, dass er oder sie kostenbare Lebenszeit mit zahlreiche Fakeprofilen verbringt. Geld weg, Frust hoch, Glück dahin. Eine Narbe für den Beziehungswillen und eine Bestätigung für Nicht-Könner und Nicht-Woller.

Wie dankbar sollte man stattdessen sein, wirkliche Kumpels an seiner Seite zu wissen. Letztens zeigte mir ein Freund ein Foto. Auf diesem Foto sind seine Eltern abgebildet. Sie sind 80 und 78 und schippten im Winter vor der Haustür gemeinsam den Schnee weg. „Paar-Schippen" haben wir das Foto genannt. Hier benötigt man kein digitales Endgerät, um dem Schnee und dem gemeinschaftlichen Erlebnis Herr zu werden. Der anschließend gemeinschaftliche Kaffee schmeckt sicher besser als das nebenbei gekickte Red Bull beim Dauerdaddeln.

War es früher besser?

In den 80er Jahren war es meist ein Volltreffer, als 16-Jähriger mit einem Leichtkraftrad vorzufahren und die Angebetete zu einer Spritztour einzuladen. Die „ersten Pettingaktionen auf dem Rücksitz meiner alten Karre" (Udo Lindenberg, „Meine erste Liebe", in: Livehaftig, 1976) führten dann zu mehr, durchschnittlich zu einer Partnerschaft von vier Monaten. Auf dem Dorf und in ländlichen Gebieten war das Angebot überschaubar, so dass das Ziel darin bestand, die Partnerschaften auf längere Zeit anzulegen, damit die ewige Sucherei und der zeitliche und finanzielle Aufwand für die Neuakquise in einem wirtschaftlichen Rahmen bleiben konnte. Und so kam es, dass einige meiner Freunde bereits mit 16 die Frau fürs Leben gefunden haben. Betriebswirtschaftlich sinnvoll, es senkt die Opportunitätskosten des Lebens.

Auch das noch: verschenkte Lebenszeit

Die Zeit für das Anschauen, Bewerten, Kontaktieren und Chatten mit potentiellen Partnern benötigt Stunden, Wochen, manchmal Monate. Der Suchende kommt für den gebuchten Zeitraum von häufig drei Monaten aus der Tablet- und Smartphone-Wischerei nicht mehr heraus.

Kundenbindung funktioniert selten so einfach wie in dieser Branche. Die Suche nach dem Glück macht viele Suchende von Beginn an zu Wischweltmeistern. Die Hoffnung, den Richtigen oder die Richtige zu finden, führt den Suchenden an den Rand der Abhängigkeit, bis zur bitteren Erkenntnis der meisten (99,63 Prozent), dass die hoffnungsvolle Lebenszeit vor dem

Bildschirm für die Katz war. Denn der zeitliche Aufwand für das Sichten, Prüfen, Strukturieren, Auswählen und Kommunizieren in Beziehungsportalen übersteigt den vergleichbaren Aufwand im realen Leben um ein Vielfaches.

Wäre ich bloß ein Rechtswisch ...

Richten wir den Fokus auf einige interessanten Blüten des digitalen Paarschippens.

Weil es in der analogen Welt keine App gibt, die das Eis zwischen zwei Menschen bricht, gibt es zusätzlich die App „Tinder". Wer hier ein fleißiger Wischer ist, der kann es mit dieser Dating-App in der Minute locker auf 60 Baggerprofile bringen, die quasi wie ein Stummfilm am Auge vorüber gewischt werden können. Hier finden Sie Personen, die in der Volkshochschule als Seminarleiter und Ratgeber für das Verkuppeln von Singles fungieren könnten. Mit markanten Sätzen zeigen diese ihren Erfahrungsschatz und geben handfeste Tipps für das Anbaggern. Hier einige Kostproben:

- „Ich möchte als Träne in deinen Augen geboren werden, um später auf deinen Lippen zu sterben!"
- „All diese Kurven – und ich ganz ohne Bremsen."
- „Ich habe zwar keinen Porsche vor der Tür, aber dafür einen in meiner Hose."

Das sind tatsächliche Empfehlungen aus erster Hand für das elektronische Anbandeln. Das allein reicht eigentlich schon an neuzeitlicher Digital-Unterhaltung! Bastelte man sich früher in der Schule analog noch sein eigenes Daumenkino mit einer Comicfigur oder dem Satz „Ich liebe Dich", um das vor einem sitzende Mädchen in der Pause zu beeindrucken, bekommen die Gleichaltrigen von heute die Alternative, das digitale Tinder-Daumenkino im Taschenformat zu starten, allerdings nicht mit ihrem Traummädchen oder Traumjungen, sondern gleich mit Dutzenden in Serie geschalteten Fakebildern.

Die Bedienung ist exakt auf das Wischverhalten der digitalen Revolution programmiert. Mit einem Linkswisch befördert man das Foto und das Profil ins digitale Nirvana, ein Wisch nach rechts und das Profil landet im Bagger-Container der potentiellen Traumpartner. Nicht auszudenken, was passiert, wenn man die Wischrichtung verwechselt, was nach Tinder bei 39 Prozent der Nutzer vorkommt. So viel Wischkompetenz bei der Partnersuche kann eigentlich nur zum Erfolg führen, zu welchem auch immer.

Liebe als Produkt

Wer nach Minuten des Tinder-Wischens noch aufmerksam sein kann und dessen Augen vom digitalen Miniaturkino noch nicht tränen, der wird nominiert für den Wisch-Highscore im Social Web. Es gewinnt, wer spielend leicht viele Profile checkt und die unerwünschten am schnellsten wegwischt. Das Digitale verdrängt das Soziale. Konsum statt Empathie, Masse statt Klasse, Wischkompetenz statt Sozialkompetenz.

- sexy
- humorvoll
- mütterlich
- warmherzig
- unabhängig
- unterhaltsam
- auf Wunsch schweigsam

Beobachter mit einem Mindestmaß an Reflexionsfähigkeit können den Eindruck gewinnen: Online-Dating ist wie Online-Shopping. Doch soziale Beziehungen anbahnen, war schon immer ein sozialer Prozess, in dem nicht harte Fakten den Ausschlag gaben, sondern Empathie und Kommunikation. Das sind essentielle Fähigkeiten für eine funktionierende Partnerschaft. Man wünscht sich diese Fähigkeiten für die neue Beziehung, verhält sich aber selbst wie ein Wischmob in einer Putzkolonne einer Kantine. Schnell, sauber, desinfizierend. Digital pusht unsere Erwartungen, die das reale Leben oftmals nicht erfüllen kann.

Dann wird der Mensch in der digitalen Partnerschaftswelt zum Produkt, das man hin und her wischen und umtauschen kann, wenn es nicht passt. Menschen werden unverbindlich bestellt – und bei Nichtgefallen ohne Angabe von Gründen zurückgeschickt. Warum Amazon dieses Geschäft noch nicht für sich entdeckt hat …?

In Konsequenz befeuert Digital die Abnahme zwischenmenschlicher Unverbindlichkeit. Die meisten Menschen, die sich länger und aktiv im digitalen Partnerschaftsnetz getummelt haben, kommen zum Schluss: Liebe ist im Netz weitaus schwerer zu finden als im realen Leben.

Kapitel 7

Wischbrett im Kopf – Tablets in Kita und Schule

„Wenn fünfzig Millionen Menschen etwas Dummes sagen, bleibt es trotzdem Dummheit."

Anatole France

Kein Bildungsthema hat in den letzten zwei Jahren in der Öffentlichkeit so sehr Fahrt aufgenommen und polarisiert wie der Einsatz von digitalen Medien, Smartphone und Tablets in unseren Schulen und Kinderzimmern. In der fachlichen Diskussion werden dabei überraschenderweise die diversen Schulformen und unterschiedlichen Altersgruppen kaum differenziert. Das überrascht deshalb, da alle Menschen, die sich mit der Erziehung und Entwicklung von Kindern beschäftigen, wissen müssten, dass ein Kind mit 4 Lebensjahren andere geistige und kognitive Voraussetzungen hat als ein Jugendlicher mit 15 Lebensjahren. „Computer für alle", „Komplettausstattung der Schulen mit IT", „Auch Kindergartenkinder sollen digital lernen", so fordern es die Überschriften deutscher Leitmedien seit mehr als zwei Jahren.

Symposien zum „digitalen Lernen – Klassentreffen der Apologeten"

Bildungssymposien zum Digitalen Lernen sprießen seit dieser Zeit aus der Erde. Hauptthema: Wie können wir endlich unsere Kinder an die Digitalität heranführen? Das Mantra: Je schneller, je früher und je intensiver, desto besser. So auch in der Kita, wie das folgende Erlebnis beschreibt.

Eine gesellschaftlich klassenpolarisierende und diffamierende Diskussion erfuhr ich als Podiumsmitglied auf der DIDACTA 2016 in Köln. Dort fiel ich nach einer Aussage einer Podiumsteilnehmerin beinahe vom Stuhl: *„Es gibt A-Kinder (die digital sind) und B-Kinder (die nicht digital sind). Die A-Kinder werden die Gestalter und Macher der Zukunft sein. Ich erziehe die A-Kinder."* Dies sagte Anke Bostelmann, Gründerin und Geschäftsführerin der Klax-Pädagogik, die eigene private Kindergärten und Schulen betreibt und offensichtlich dafür warb. *„Kinder werden zu Verlierern, wenn sie nicht stetig vor digitalen Geräten trainiert werden"* so Bostelmann weiter. Ihre Haltung basiert auf einem unfassbar technokratischen Menschenbild, das sich wunderbar in den apologetischen IT-Wahnsinn und die Digital-Demagogie einfügt.

Aktuelle Forschungsbefunde aus Langzeitstudien in China und Kaliforniern zeigen da profunde Ergebnisse: Kinder, die in beiden Staaten ab der ersten Grundschulklasse mit Computern und Tablets „trainiert" wurden, konnten im Alter von 10 weder schreiben noch lesen und zeigten signifikante Mängel bei einfachsten Rechenaufgaben. Sie werden also weder Gestalter noch Macher, wie Bostelmann fahrlässig in die Öffentlichkeit posaunt. Sie werden stattdessen Analphabeten und sind ohne technische Hilfsgeräte nicht in der Lage, sich in einer realen Welt außerhalb ihres WLANs selbständig zu bewegen.

Zurück zum Podium: Ich blieb natürlich auf dem Stuhl sitzen. Der ausgesprochene Irrsinn, gemixt mit einem gehörigen Schuss Polemik und BILD-hafter Vereinfachung der Zweiklassen-Gesellschaft ließ mich immer noch nach Luft schnappen. Der Irrsinn setzte sich fort durch Aussagen von Prof. Dr. mult. Wassilios E. Fthenakis, Präsident des Didacta Verbandes der Bildungswirtschaft, der in euphorischer Einbahnstraßenargumentation den konsequenten und alternativlosen Einsatz von Digitalität in Kindergärten fordert, je mehr und vor allem je früher desto besser. Einwände prallen an der Demagogenwand grundsätzlich ab. So degenerieren öffentliche Podien zu digitalen Klassentreffen, die einen Diskurs nicht zulassen.

Der Videomitschnitt ist übrigens die einzige Aufzeichnung aller Didacta-Aufzeichnungen, die nicht veröffentlicht wurde. Meine Einwände gefielen dem „Propheten" Fthenakis nicht und passen nicht in die Visionen von robotergesteuerter Kindergärten und C++ programmierenden Vierjährigen.

Aus PISA-Schock wird Digital-Schock

Argumente, die keine sind, aber in Diskussionen zum digitalen Lernen immer wieder angeführt werden: Es werde „die Zukunft verpasst", Deutschland werde „abgehängt", „Frühe Medienkompetenz für alle", „Je früher, desto besser!", „Je mehr Digital, umso fitter für die Zukunft". Fundierung, Prognosen, Risiken, wissenschaftliche Langzeituntersuchungen über Erfolg und Misserfolg des Medieneinsatzes spielen keine Rolle. Es herrscht das Euphorie-Paradigma und ein Mainstreamgefühl, indem individuelle ökonomische Interessen denk- und handlungsleitend sind.

Angst könnte man bekommen, wenn man nicht der ökonomisch motivierten Rhetorik folge, sondern Erkenntnissen internationaler Studien. Beispielhaft lässt sich der OECD-Bericht 2015 anführen, allen bekannt geworden in 2001 als „PISA-Schocker". Die vier Buchstaben PISA (Programme for International Student Assessment) stehen für den weltweit größten und wichtigsten Schulvergleichstest.

Diesem Bericht aus 2015 ist zum Beispiel zu entnehmen, dass Unterricht durch digitale Medien nicht besser wird: Im Gegenteil führe der Einsatz in schwachen Unterrichtsumfeldern (unmotivierter Lehrer, schwache Schüler, Routineunterricht) zu mehr Ablenkung und negativen Lerneffekten.

Irrsinn schmerzt

Schuld daran haben nicht Geräte und Anwendungen. Es sind wir Erwachsenen, die sich von der Einfachheit digitaler Anwendungen auf unseren Smartphones blenden lassen und – so erblindet – eine digitale Revolution für unser Kinder fordern, die nun endlich und überall in allen Kitas und Schulen durchgeführt werden müsse.

Digitale Medienkompetenz kann ja nicht bedeuten zu lernen, eine Plastikscheibe abzuwischen und einfachste Apps zu bedienen, die selbst das Denken einer Ameise unterfordern (siehe den Abschnitt zu Tinder in Kapitel 6). Und dies betrifft ja primär noch nicht mal unsere Kinder. Die müssen ja erstmal fehlerfrei lesen können und haben wahrhaftig erstmal andere Fähigkeiten zu erlernen als das Wischen. Es betrifft vor allem uns Erwachsene, die eine digitale Medienkompetenz nicht gelernt haben. Wie sollen wir digitale Fähigkeiten an Kinder weitergeben, wenn wir diese selbst nicht besitzen?

Die Logik der digitalen Apologeten funktioniert dann folgendermaßen: Ich gebe den Kindern mobile Geräte, damit sie den Umgang damit lernen. Je weniger sie damit umgehen können, das heißt, den Konsum kontrollieren können, umso mehr gebe ich ihnen. Sie werden irgendwann selbst zu der Einsicht gelangen, dass dies nicht gut für sie ist. Ebenso könnten Lehrer auch Drogen an die Schüler verteilen, je mehr und je früher, desto besser, damit die Kinder völlig stoned recht bald selbstständig bemerken, dass Drogen nichts für sie seien.

Die Folgen einer verfehlten digitalen Erziehung nach dem Versuch-und-Irrtum-Prinzip soll dann die Schule tragen. Sie habe ja schließlich auch einen Erziehungsauftrag. Doch dafür ist es bereits in immer mehr Schulen zu spät. Ihr Auftrag ist bereits ein Therapieauftrag. Der Umgang mit digitalem Fehlverhalten dominiert den Schulalltag. Therapie statt Prävention. Voilà, das ist der aktuelle Stand der digitalen Transformation des Erziehungs- und Bildungswesens in Kitas und Grundschulen.

Richtig ist, dass Schule es heute – im Positiven wie im Negativen – immer häufiger und intensiver mit gesellschaftlichen Veränderungen zu tun bekommt. Diese Erkenntnis war eigentlich schon immer bekannt und überrascht zunächst wenig. Doch das Mantra der Digitalisierung heißt „Geschwindigkeit" und „Disruption". Letzteres ist zu übersetzen mit „Zerstörung" bewährter Routinen in der Schule. Sprechen heute bereits immer mehr Menschen von einer „disruptiven Ökonomie", sollte es nicht mehr lange dauern, bis die ersten Headlines zur „disruptiven Bildung" lesbar werden, unter denen mehr „Radikalität" in der digitalen Transformation von Schulen gefördert wird. Bildung zerstören, um Bildung zu gestalten.

Disruptive Bildung

Die Idee einer disruptiven Bildung erinnert stark an die Optimierungsversuche in der produzierenden Industrie. In den 80er Jahren konnten zum Beispiel radikale Entwicklungen in der Automobilindustrie beobachtet werden, damals in Begriffen wie „Reengeniering" oder „Lean Production". Diese haben bis heute im Kern die Prozesseffizienz im Focus: Mehr in kürzerer Zeit produzieren. Die daraus resultierenden Lücken sinkender Produkt- und später Dienstleistungsqualität versucht man dann mit den Ideen des „Kaizen"[7] und des „Total Quality Management"[8]

---

7   Kaizen ist ein japanisches Managementkonzept, das die schrittweise Verbesserung und Perfektionierung von Prozessen fokussiert.
8   Total-Quality-Management ist ein Konzept der Unternehmensführung, mit dem nachhaltige Qualität und Effektivität in allen Unternehmensbereichen erreicht werden soll.

zu (über-)kompensieren. Nachtigall, ich hör dir trapsen. Kommt bald die Automatisierung des Lernens?

Gamification – Warum Digital nicht schlauer macht

Dass Forderungen nach einer Technisierung von Bildung in allen Jahrgängen sowie für die Erziehung und Entwicklung kleiner Kinder in Kitas von vielen Digitaleuphorikern so vehement und konsequent propagiert wird, liegt auch in deren wissenschaftlich unbegründeten Prognose, digitale Bildung sei grundsätzlich besser: besser für die Lernmotivation, besser für die Vermittlung, besser für die Qualität.

Wenn Sie einem Kind ein Smartphone oder Tablet in die Hand drücken, wird es unstrittig kurzfristig motiviert sein. Doch wir wissen, dass diese Motivation ebenso schnell wieder abnimmt, wie sie gekommen ist. Und die Demotivation wird noch schneller zunehmen, sobald das Kind merkt, dass Lernen – auch auf dem Tablet – verdammt noch mal etwas mit Anstrengung zu tun hat.

Neuere Ideen wie zum Beispiel die der „Gamification" sollen diese seit über 250 Jahren bekannte Erkenntnis („Lernen erfolgt durch Anstrengung") aushöhlen. Der angebliche Trick dahinter: spielerisch lernen. Man verpacke also einen schwierigen Lerninhalt (zum Beispiel das große Einmaleins) in ein Spiele-App-Korsett und lasse das Kind auf der App herumwischen. Die Hoffnung? Auch das lernschwächste Kind wird damit schneller die Grundrechenart erlernen. Die Realität? Nein, wird es nicht. Aus zweierlei Gründen:

Erstens: Lernschwächere Kinder sind in besonderem Maße auf eine Lehrperson angewiesen, die empathisch auf die Schwäche des Kindes einzugehen versteht und den Lernstoff didaktisch aufschlüsselt, um die Komplexität der Lernvoraussetzungen des Einzelnen abbilden zu können. Dies alles kann ein Algorithmus nicht leisten. Spätestens bei der Programmierung von Empathie streicht der Programmierer die Segel.[9]

Zweitens: Zwar ist das spielerische Lernen eine basale Eigenschaft des Lernens vom Kleinkindalter bis zum 12. Lebensjahr. Doch ist dies weniger als Ursache-Wirkung zu verstehen. Diese besteht darin, dass Spielen die neuronale Vernetzung zahlreicher Hirnpartien fördert und eine höhere Vernetzung bessere Bedingungen für das Lernen schafft. Digital-Gamification müsste nach dieser Erkenntnis aber zunächst einmal diese Vernetzungen im Hirn schaffen, um in einem zweiten Schritt Lernen zu ermöglichen. Diese zwei Prozesse gleichzeitig zu erwarten, ist unrealistisch.

---

[9] Es gibt natürlich seit über 25 Jahren Forschung zu und Entwicklung von sogenannter „Künstlicher Intelligenz", die auch diese Lücke zu schließen versucht. Bisher gibt es dazu Pilotierungen weltweit, die im Einzelfall überraschende Ergebnisse liefern, jedoch in bestimmten Komplexitätsumgebungen allzu häufig versagen.

Die Zukunft: Anschalten, was geht

Digitaleuphoriker entgegnen in ihrer Erregung über diese uner-
hörte, kulturpessimistische und maschinenstürmerische Logik
mit folgender Oberflächen-Argumentation: „Wenn die Kinder
nicht so früh wie möglich auf den Geräten wischen lernen, das
heißt anschalten lernen …, äh nein, wir meinen irgendwas mit
Medienkompetenz, dann wird Deutschland weiter abgehängt
und die Zukunft unseres Wohlstandes ist in Gefahr. Kinder müssen also so früh wie möglich lernen zu programmieren, damit
Deutschland ein Land voller Programmierer wird, die uns dann
die digitale Gegenwart und noch mehr die digitale Zukunft programmieren könnten. Deutschland muss ein Land des Silicon
Valley werden, in dem die weltweiten Online-Portale und Apps
entwickelt und betrieben werden. Roboter müssen aus Deutschland kommen, die Vernetzung der Welt muss in Deutschland
gebündelt werden. Wir brauchen endlich ein Land voller Digi-
tal-Pioniere, Server, Roboter …, und nicht zu vergessen: autonome Lernautos. Kinder müssen deshalb so früh, wie es nur geht,
wischen lernen. Sie wischen doch zu Hause auch schon den ganzen Tag, dann müssen sie in der Schule auch wischen dürfen, na
ja, nicht nur das, sie müssen lernen, wie man richtig wischt, also
in welche Richtung … ja, genau, äh, warum eigentlich …? Keine
Ahnung, im Zweifel für die Zukunft des Landes, also für meine
Rente!"

Diese rhetorische Argumentation höre ich auszugsweise regelmäßig in Diskussionen und Interviews zur „Digitalen Bildung",
in unterschiedlichen Kontexten, aber immer dieselbe Botschaft.
Nur der letzte Satz, der mit der Rente, ist ausgedacht und wuchs
auf der kleinen „Insel Sarkasmus".

Vielleicht werden die nächsten 20 Jahre zeigen, wer Recht hat.
Ich kann mich ja irren und habe alle Studien seit Jahren einfach
falsch gelesen und interpretiert. Ein Kollege von mir fasste in

einem gemeinsamen Interview mit einer Tageszeitung das Thema wie folgt zusammen: „*Wer in der Schule nur wischen lernt, wird später Reinigungskraft!*" Was zu beweisen ist.

Doch geht es mir nicht um Recht oder Unrecht. Vielmehr ist es mein Anliegen, grundsätzliche Fähigkeiten zu fördern für eine nach wie vor analoge Welt. Digitale Helferlein sind nicht mit der umfassenden Digitalisierung des Lebens zu verwechseln. In dieser immer noch analogen Welt sollten Kinder vor allem altersgerecht und nach ihrem Entwicklungsstand gefördert werden, um später selbstbestimmt ihre Geschicke in einer realen Welt, die auch in Zukunft größtenteils analog sein wird, gestalten zu können. Digitale Wischgeräte spielen für diesen Entwicklungsprozess eine untergeordnete Rolle.

Kapitel 8

Faul und bequem – Wisch-Roboter und andere

„It's time for Sex Magik"

Red Hot Chili Peppers

Es werden immer mehr analoge Lebensbereiche technisiert. So mancher technische Irrsinn macht dort vor nichts Halt. Erinnern wir uns: Deutschland muss mit dem Internet vorankommen, um die Zukunft zu sichern – so der einstimmige Tenor. Alles soll digital werden, alles wird Internet. Das Leben wird digital. Das Smartphone mit WhatsApp und Co. substituiert mittlerweile einen großen Teil unserer zwischenmenschlichen Kommunikation und Gleiches sollte nun auch im intimsten Bereich des menschlichen Daseins geschehen.

Die Sex-Roboter kommen

So etwas könnte ich mir gar nicht ausdenken, aber es ist bereits Realität. Dongl[10] ist das Namenssymbol für die Bedürfnisbefriedigung in der 4.0-Welt. So heißt ein Sex-Roboter, der seine technischen und verbalen Dienste als Liebesspielzeug für Frauen anbietet. Dongl hat eine menschliche Größe, seine Haare liegen frisch geföhnt an, das Genital wirkt fruchterregend und sein

---

10 Der Originalname dieses Roboters lautet Roxxxy und dient laut Herstellerangaben als Sex-Spielzeug. Ich denke, dass die die sexuelle Revolution und Frauen-Autonomie vor der Digitalität nicht stoppen sollte. Daher wird hier aus der Roxxxy für Männer der Dongl für Frauen. Der Name „Dongl" ist angelehnt an einen USB-Stick, der mit einer Software-Lizenz bestückt ist. Bestimmte Software kann auf dem Computer nur gestartet werden, wenn der USB-Stick im Computer steckt.

Sprachchip erinnert an die Stimme eines Navigationsgerätes. So ist Dongl in der Lage, das sexuelle Vorspiel verbal zu begleiten. Gespräche sind vorprogrammiert und per Fingerstups auswählbar. Die Nutzerin kann ihre Lieblingsthemen individuell per Optionsfeld auf dem Smartphone auswählen.[11] Das gilt auch für die Befriedigungsprogramme. Von wild-lasziv bis kuschelig-ruhig haben Programmierer die intimsten Abläufe automatisiert.

So manchem kommt Dongl zur rechten Zeit. Wie bequem und verwirrend zugleich muss es sein, ohne ein reales und geistiges Vorspiel (reden!) auf Knopfdruck die Befriedigungsmaschine zu aktivieren. Belohnungssystem antriggern – jetzt, sofort, mit geringsten Aufwand. Es passt in die Glaubensrichtung, die auch von selbstfahrenden Autos und sprechenden Kühlschränken träumt. Fördern diese hochgepriesenen Innovationen häuslicher Roboter Wohlbefinden und Gesundheit für uns Menschen? Ist das die digitale Zukunft, in der wir leben wollen?

Frauen brauchen keinen Roboter

Sicher hat mit der 68er-Generation ein gewisses Freiheitsdenken bei beiden Geschlechtern eingesetzt, vor allem bei den Frauen, die aus dem Rollenverständnis der „familienumsorgenden Hausfrau" sukzessive ausbrechen konnten und damit Lebens- und Handlungsalternativen bekamen. Heute könnte die „IT-Revolution" diese Entwicklung unterstützen. Wie wäre es, anstatt Sex-Roboter für emotional minderbemittelte Männer zu entwickeln, Wisch-Roboter für mehr Freiheit der häuslich tätigen Frauen zu programmieren?

Fragen über Fragen: Welche Frau setzt sich mit einem Sex-Roboter zu Hause aufs Sofa und lässt sich von einer Maschine befummeln? Wird damit ihr allgemeines Wohlbefinden positiv

---

11 „Dongl wird so zu einem Lebensbegleiter", meint die Originalbeschreibung der Herstellerfirma „RealDoll.com".

beeinflusst? Wird sie mit Hilfe eines Sex-Roboters länger gesund bleiben, ihr Leben verlängern und in der längeren Lebenszeit auch noch mehr Spaß haben?

Treten diese Effekte nicht eher durch reale Zweisamkeiten und krisensichere Beziehungen auf? Algorithmen – von Dritten programmiert – sollen das hoch individualisierte Leben erleichtern und bereichern? Es ist wohl eher anzunehmen, dass Roboter bequeme Menschen noch bequemer machen: Bedürfnisbefriedigung auf Knopfdruck.

Das erinnert an den Zukunftsspielfilm „Xmachina", in dem sich ein reicher Unternehmer mehrere Sexroboterinnen hält. Der vermeidlich starke Mann an der Seite der weichen und sinnlichen Frau. So hat sich der Filmprotagonist in der Geschichte seine Frauen programmiert. Am Ende bezahlt er seine langjährige emotionale Einsamkeit mit Unglück, Aggressionen und schließlich mit dem Tode, als ein Roboter nicht mehr planmäßig funktioniert und sich gegen den Unternehmer auflehnt. Der Film zerschlägt die Utopie einer digitalen Welt, da digital schlussendlich wenig zum menschlichen Glück beitragen kann.

Da gibt es doch ganz andere neue Möglichkeiten, wie zum Beispiel das Internet-Portal omgyes.com. Dort können Frauen und Männer mit Hilfe von Youtube-Videos die Existenz einer Klitoris bestaunen und mit Hilfe interaktiver Videosequenzen gezielt Stimulierungstechniken trainieren (Raether 2016). Durch Wisch- und Stupsbewegungen auf dem Bildschirm können Fingerbewegungen einstudiert werden. Feedback erfolgt interaktiv über die Lautsprecher: mit Stöhngeräuschen und Motivationsphrasen wie „Ja, gut so, immer schön im Kreis" erhält er (oder sie) unmittelbare Korrekturhinweise für die Entwicklung der eigenen Fummelkompetenz.

Frauen ticken anders

Die Mehrheit der Frauen pflegt im Alltag wohl andere Bedürfnisbefriedigungen. Sie möchten befreit werden von lästigen Routineaufgaben im Haushalt. Also funktionieren wir den Dongl hier einfach um. Er bekommt eine Kochschürze umgebunden, den Staubsauger in die Hand gedrückt, das Bügelbrett aufgebaut und den Wischmob in die andere Hand. Ein Mann, der beim Wischen nicht meckert und dabei fröhlich ein Computerliedchen trällert. Das wäre mal eine lustige Wisch-Revolution. Dann hätte Frau endlich mehr Zeit für reale Treffen mit Freundinnen, anstatt Hunderte von WhatsApp-Nachrichten zu schreiben.

Algorithmus schlägt soziale Pflege

Realere Anwendungsgebiete der Robotik zeichnen sich im Gesundheitsbereich ab. „HealthRoboter" sind technische Geräte, die in Japan bereits in der Pflege von kranken Menschen eingesetzt werden. Panasonic hat bereits ein Roboterbett im Angebot. Das verwandelt sich selbständig in einen Rollstuhl, indem die dreiteilige Liegefläche die Form eines Stuhls annehmen kann (Fußstütze, Gesäß, Rücken). Das mühsame Aufstehen entfällt, der Pflegende bleibt liegen und wird in die Sitzposition geklappt. Der Transport von körperlich behinderten Menschen wird so vereinfacht. Kaum auszudenken, sollte die Software des Faltbettes einen Fehler haben, weil nachts der Strom kurz ausgefallen ist. Dann faltet sich das Bett nicht in einen Rollstuhl, sondern wie ein Klappmesser zusammen. Wer faltet diese Betten wieder auseinander, wenn digitale Technologien das Fachpersonal ersetzt haben?

Die japanische Regierung jedenfalls hat sicherheitshalber schon mal das Haftungsrisiko für Panasonic beschränkt und das Bett entsprechend staatlich zertifiziert. So ist der Pflegende der Dumme, sollte er oder sie zusammenklappen. Die Freude angesichts hoher Umsatzerwartungen im Ausland steht über jeder Risikofolgeabschätzung und dem Schutz menschlicher Würde. Auch dies ist ein typisches Muster digitaler Entwicklungswut.

Aber sicher gäbe es für den Risikoumgang auch technische Lösungen: Das Auseinanderfalten des Klappmesserbettes könnte der Roboter „Pepper" übernehmen. Er ist der Roboter, der Menschen wirklich glücklich machen könnte. Er wäre laut Herstellerinfo emotional, lernfähig und glücksbringend. Die Maschine hat eine WiFi-Verbindung für das Internet und kommuniziert mit der Cloud. So entfallen zu Hause gefühlt unendliche Diskussionen über Einkaufszettel, Hausarbeitspläne, Organisation der Kinder und des Freizeitprogrammes. Die Planungsergebnisse sind mobil aus der Pepper-Cloud abrufbar und auf unserem Smartphone einsehbar, wenn wir mit dem Auto an der Ampel stehen. Unser Blick kann aufgrund der vielen Überwachungs-Apps nicht mehr vom Smartphone ablassen. Schöne neue, einfache und bequeme Überwachsungswelt!

Die Wirkung des Roboters auf unser Leben

In Deutschland gibt es das, was es in Japan nicht gibt: die Technologiefolgeabschätzung. Sie befasst sich als eigener Forschungszweig wissenschaftlich mit der Abschätzung der Chancen und Risiken und den gesellschaftlichen Wirkungen von Technologien. Erkenntnisse über den Zusammenhang zwischen Robotereinsatz und Wohlbefinden, Gesundheit und Glück sind hingegen nicht bekannt.

In solchen Fällen können Thesen das Denken anregen. In einfachsten Routinebereichen können Roboter Einfluss auf das Wohlbefinden nehmen. Doch was macht der Mensch in dieser zusätzlichen (Frei-)Zeit? Wird er zur Unterhaltung und Ablenkung noch mehr Zeit an Bildschirmen verbringen, als er es jetzt schon tut? Vermutlich wird genau das bei vielen Menschen der Fall sein. Die Befriedigung von Bequemlichkeit und Unterhaltung bleibt aber handlungsleitend.

Dass wir Menschen die „freie Zeit" tatsächlich für andere, produktive Dinge nutzen, mag in Einzelfällen zutreffen und bleibt somit eine Hoffnung. Als ich mich vor zehn Jahren (also vor dem ersten Smartphone in Deutschland) auf Campingplätzen aufhielt, kommunizierte ich mit Campingnachbarn aus aller Welt. Zehn Jahre später sitzen die Menschen in ihren Campingparzellen und wischen den ganzen Tag auf ihren Geräten herum. Kommunikation? Null! Nur im Notfall, bitte. Produktive Geistesarbeit? Vermutlich gegen Null. Austausch und gemeinsames Erleben? Vom einfachen Digitalwischen verdrängt. Wie würde es in Zukunft aussehen, wenn Roboter die Grillwürstchen auf einer Grill-App grillen würden? Für Manche vermutlich der perfekte Urlaub. Für das soziale Erleben eine Katastrophe.

Ausblick: Vier Phasen der Roboternutzung in der Zukunft

Es gibt einen Grenznutzen zwischen Robotereinsatz und Wohlbefinden im privaten Umfeld, den ich in vier Phasen unterteile. Phase **eins**, die Einführungsphase bietet subjektiv empfunden maximalen Nutzen durch Roboter, begründet im Neuigkeitscharakter und der Neugier des Besitzers und Anwenders.

In Phase **zwei** steigt der quantitative Einsatz von Robotern. Der empfundene Nutzen nimmt ab, ebenso der Neuigkeitscharakter und das Wohlbefinden.

In Phase **drei** bestimmt der Roboter, wie unser Haushalt zu funktionieren hat und nicht mehr wir, daher wird das Wohlbefinden weiter abnehmen. Unsere Selbstwirksamkeit sinkt und damit unser Selbstvertrauen, unser Leben weiter selbst gestalten zu können.

In Phase **vier** werden wir die Revoluzzer-Helferlein wieder abschaffen, in den Keller stellen, um endlich wieder unsere alte Welt zurückzubekommen, in der wir mit Hilfe unserer Intuition und Empathie die für uns richtigen Entscheidungen getroffen haben.

Doch dem steh eine Riesenindustrie und ein weltweit unfassbares Umsatzpotential entgegen. Zeit für den praktizierten Lobbyismus. Das Geschäft mit Gesundheitsrobotern will Panasonic bis 2025 um das Achtfache, auf 200 Milliarden Yen steigern. Das sind umgerechnet circa 1.752.138.000 Euro. Die Regierung hat die Subventionierung bereits Anfang 2016 angekündigt, um die Monopolisierung in die Wege zu leiten.

Soziales Glück

Das Digitale verdrängt das Soziale. So auch in den privatesten Bereichen. Je mehr ein „Internet der Dinge" die Haushaltsgegenstände miteinander über das Internet kommunizieren lässt, umso mehr degenerieren wichtige Werte sozialen Zusammenlebens. Der Nutzen für ein glückliches Leben bleibt im Nachhinein oft fragwürdig.

Ein glückliches Leben erfolgt in sozialen Gemeinschaften, mit Freundinnen und Freunden, in der Familie, mit eigenen oder fremden Kindern, in analogen Communities (Netzwerken) und in seiner persönlichen Peer Group. Und dieses Zusammenleben wird bestimmt durch zwischenmenschliche Kommunikation und einen realen Austausch. Die empathischen Fähigkeiten, sich in sein Gegenüber hineinzuversetzen nehmen in der hier beschriebenen digitalen Zukunft ab. Sie würden einfach nicht mehr benötigt.

Wir sind auf dem besten Weg in die empathische Wüste.

Daher gilt die Formel: Je digitalisierter meine Umwelt ist, desto entsozialisierter ist sie. Und gerade weil wir aus wissenschaftlichen Forschungen wissen, dass die soziale und reale Kommunikation mit Freunden und Familie durch zahlreiche Glückserfahrungen sogar das Lebensalter verlängern kann, ist es ein Irrglaube, dass digitale Mediennutzung unser Leben in einem höheren Maße verlängern könnte.

Zum Schluss: Was Frau wirklich will

Frauen möchten keinen virtuellen Partner. Meine Frau ist zwar ab und zu ganz froh, wenn ich nicht zu Hause bin. Aber umso größer ist die Freude, wenn ich wieder daheim bin – nicht fürs

Wischen, eher für das gemeinsame Erleben eines unglaublich schönen realen Lebens.

Frauen möchten wohl doch lieber den echten, analogen Mann. Sie möchten sich in einer sozialen Beziehung interaktiv über Gefühle austauschen.[12] Sie möchten keine Knöpfe auf Plastikscheibchen drücken, um sich wertgeschätzt und ernst genommen zu fühlen. Einsamkeit kann nicht durch einen Roboter oder eine andere Technologie aufgelöst werden.

Schließlich erhärtet sich auch aus dem privaten Umfeld der Eindruck: Die digitale Revolution befriedigt weniger die tatsächlichen Bedürfnisse von uns Menschen. Vielmehr werden industrielle und staatliche Interessen befriedigt.

---

12 Mir wurde zugetragen, dass gelte auch für (einige) Männer.

Kapitel 9

Abhängig, inkompetent, selbst-unwirksam – Selbstfahrende und -fliegende Autos

„Der Mensch plant und das Schicksal lacht darüber!"

Unbekannt

> Nervöser Passant: *„Bitte, wo ist die Müllerstraße?"*
> Meine Antwort: *„250 m geradeaus, dann rechts."*
> Passant: *„Mein Smartphone zeigt aber an, dass ich schon am Ziel bin."*
> Meine Antwort: *„Nein, die Müllerstraße ist 250 m geradeaus, dann rechts."*
> Passant läuft in die verkehrte Richtung, nämlich in die Maler-gasse.[13]

Automobilindustrie und Politik ködern den bequemen Bürger mit einer neuen Innovation: das selbstfahrende (autonome) Auto. Das autonome Auto der Zukunft kommuniziert ständig mit anderen Fahrzeugen oder mit Ampeln, um optimal voran-zukommen. Es hat dazu eine dauerhafte Verbindung zum Inter-net. Man gibt einfach im Navi ein Ziel ein und lässt sich dorthin chauffieren.

Die Nutzungsidee macht Menschen, die viel und lange unter-wegs sind, völlig kirre vor Glück: *„Es gibt dann beispielsweise wie*

---

13 Realer Dialog mitten in einer deutschen Stadt im April 2016.

im Zug nur noch vier Sitze und vielleicht einen Tisch, die Mitfahrer können sich unterhalten, es muss nicht einmal mehr ein Lenkrad geben. Durch die ständige Kommunikation des Fahrzeugs mit der Umgebung könnten die Autos sich gegenseitig Platz machen", so der Informatiker Daniel Göhring im tagesschau.de-Interview.

Die Vernetzung der Dinge, vor allem über das Internet, bietet neben den fragwürdigen Vorteilen eines wie auch immer automatisierten Verkehrs vor allem eine weitere Möglichkeit, uns Menschen mit digitalen Medien und digitalen Angeboten dauerhaft zu versorgen. Denn das Innere der ersten Prototypen besteht neben Sitzen und einem Tisch hauptsächlich aus berührungsempfindlichen Bildschirmen. Der gesamte Innenraum ist ein einziger riesiger Bildschirm. Wie schön muss es für den digital- und konsumfreudigen Bürger sein, auch in der Bewegung seinen Wischroutinen zu frönen.

Laut Google könnten mit selbstfahrenden Autos knapp 90 Prozent aller Verkehrsunfälle verhindert werden – was nebenbei den enormen volkswirtschaftlichen Schaden durch Verkehrsunfälle einsparte, den die American Automobile Association allein für die USA mit 450 Milliarden Dollar beziffert (etwa 33 Milliarden Euro).

Demgegenüber stellten die Autoren der Studie vom US-Forschungsinstitut Rand bereits 2014 fest, dass diese Art der Mobilität zu einem weitaus höheren Verkehrsaufkommen führen würde. *„Ein kleiner Fehler in der standardisierten Software könnte darüber hinaus zu vielen Unfällen führen. Und nicht zuletzt könnten internetbezogene Systeme von Cyberkriminellen gehackt werden.*" Dies ist jüngst geschehen, als die Autopilotfunktion eines Tesla-Fahrzeugs in den USA einen kreuzenden LKW übersah und damit seinen Insassen ins Jenseits beförderte.

„Wen soll ein selbstfahrendes Auto rammen, wenn es einen Un-fall nicht verhindern kann – den SUV links oder den Kleinwa-gen rechts?", fragte Patrick Beuth in der ZEIT (Beuth 2014). Mal ganz abgesehen davon, dass das Fahren mit einem (frisierten) Kleinwagen auf der linken Spur mächtig Spaß machen kann – ich würde immer den SUV rammen. Aber das ist wohl eher meiner „Unten-sticht-oben-Mentalität" zu verdanken und hat natürlich nichts mit den steuernden Menschen in diesen Fahr-zeugen zu tun.

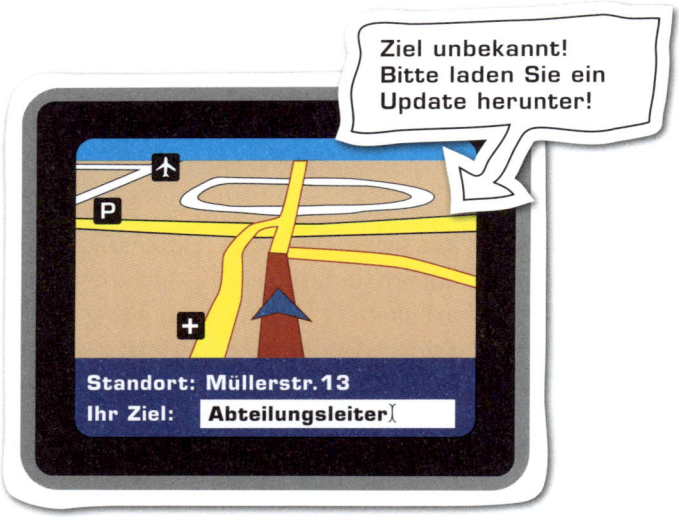

Wir übergeben einer Maschine unseren eigenen, persönlichen Entscheidungsspielraum und manövrieren uns durch dieses Ding mittelbar in Gefahrensituationen, die mit unserem heuti-gen Risikodenken noch nicht darstellbar sind. Wir überlassen der Technik unsere Entscheidungsfindung und -hoheit. Genau jene menschliche Errungenschaft, die uns maßgeblich von allen anderen Kreaturen dieses Planeten unterscheidet: der Abwä-gungsprozess und das eigenständige Denken. Dass die Frage von

Patrick Beuth sehr provokativ ist, spielt für die Antwort keine Rolle. Wichtig ist nur, dass die Autonomie und Selbstbestimmung des Menschen durch die innovative Blechschüssel nicht gestärkt, sondern nachhaltig geschwächt wird.

Ein verträumter Selbstversuch

Als ich vor wenigen Tagen mit meinem Auto auf dem Weg zur Hochschule war, musste ich – wie fast an jedem Morgen – an dieser einen bestimmten Kreuzungsampel warten. Der Frankfurter A5-Verkehr hatte Vorfahrt. Endlich einige Minuten Zeit. Statt E-Mails zu checken, blicke ich nach einer kurzen Nacht müde aus dem Beifahrerfenster … der Traum beginnt.

Ich sitze hinten in so einem autonomen Wischauto, ich nenne es liebevoll „Wischcar". Ich paddele mit beiden Händen auf den Innenseiten der beiden Türen herum, wische gleichzeitig die Lieblingscommunity „Neckpencil" (Nachfolger von Facebook) links und auf der rechten Seite den E-Mail-Account rauf und runter. Derart eifrige Wisch-Wedler wie ich haben ein kleines musikalisches Talent wie es Schlagzeuger auf einem realen Schlagzeug praktizieren. Koordinierte rhythmische Bewegungen in unterschiedlichen Tempi lassen das Wischcar leicht hüpfen. Es fragt: „Warum hüpfen wir denn so?" „Na, weil ich ganz dringend meine neuen Meldungen der letzten Minute prüfen muss", erwidere ich. „Warum machst Du das denn alles gleichzeitig? Soll ich anhalten?" „Nein", sage ich, „bist Du wahnsinnig! Anhalten heißt Rückschritt! Ich wisch' nur nach vorn – Richtung Ziel und Zukunft. Ich bin doch kein *Standwischer*[14]!"

---

14 „Standwischer" ist ein Schimpfwort. Es wird auf Personen angewandt, die bei Rot an der Ampel stehen und mit gesenktem Kopf auf ihrem Suchtkasten herumwedeln. Für den progressiven Digital-Vorreiter ist das ein Indiz für den traditionellen Kulturpessimisten, da er offensichtlich nicht alle erdenklichen Möglichkeiten der Komplettdigitalisierung wie Head-up-Displays und Datenbrillen nutzt. Denn nur „Digital" und „fully equipped" in das Leben lebenswert. Siehe auch die Erfolgsmantren der Digital-Apologeten" im Kapitel „Enttarnt: Die 10 Glaubenssätze der Digital-Apostel und -Apologeten".

Doch plötzlich erzeugt das 360-Grad-Kamera- und Warnsystem des Roboterautos eine Meldung. Im toten Winkel setzt auf der rechten Spur ein Verbrennungsmotor zum Überholen an. „Ach ...", stoße ich hervor, „aus welchem Jahrhundert kommt der denn? Dem Digital-Versager werde ich mal richtig zeigen, wo der Akku hängt." Mit drei Wischbewegungen bin ich im Systemmenü meines Wischcars. Dort aktiviere ich den Modus „Analogkill" und zusätzlich die Unterfunktion „Blendnebel". Anschließend diktiere ich in das Auto-Sprachsystem: „Hey Wischcar, gib Gummi und häng die Analogpfeife neben uns ab." Es folgt wie befohlen. Die Beschleunigung drückt mich in den Pilotensessel, hinter mir verbreitet sich eine schwarze Wolke, die an die alten Diesel-Zeiten in den frühen 90ern erinnert, als Autos noch mit Heizöl fuhren und die Ost-West-Autobahn A2 verdunkelten. Ich freue mich jedenfalls diebisch, ein Gefühl von Macht durchflutet mich.

Das Ende meines Tagtraums wird abrupt eingeleitet durch ein wiederholt aggressives Hupen eines Analog-Fahrers hinter mir. Das ist halt der Nachteil, wenn man als erster an der roten Ampel steht und erst mal wiederholt versuchen muss, seinen Motor zu starten.

Deutschland fährt drauf ab

Die „German Angst" griff um sich, als sich Google mit dem selbstfahrenden Computer „Google-Car" und die US-Amerikanische Start-up-Firma Tesla mit gebrauchsfähigen E-Autos bemerkbar machten. Deutschland verlöre seine Zukunft, wenn nicht endlich die politischen und ökonomischen Rahmenbedingungen für das selbstfahrende Auto geschaffen würden. Wenn schon nicht darüber gesprochen wird, ob die Menschen in breiter Masse das überhaupt wollen, stellt sich zumindest die Frage nach den Risiken. Aber wo sollen bei so einem schönen Zukunftstraum denn Risiken liegen?

Der Datenschutz ist eine völlig ungeklärte Frage. Ein Auto schickt sehr viele Daten auf einen Server, also zunächst mal an den Hersteller: Es wird übermittelt, wie schnell ich fahre, wohin ich fahre und ob ich mich an die Verkehrsregeln halte. Im Falle eines Unfalls könnte man so zwar leicht die Schuldfrage klären, aber viele Menschen haben Bauchschmerzen bei dem Gedanken, so viele Daten preiszugeben.

Daran schließt sich die Frage an: Wem gehören diese Daten? Dem Fahrzeugbesitzer oder dem Hersteller? Und wie kann sichergestellt werden, dass sie nicht in falsche Hände geraten? Der US-Taxi-Fahrdienst Uber hat kürzlich eigene Bewegungsprofile von Mitfahrern erstellt und herausgefunden, was die Menschen abends so treiben. Versicherungen, Werbeindustrie, Behörden oder Firmen wie Google oder Amazon haben großes Interesse an solchen Daten. Und es gibt noch kein sicheres Konzept geschweige denn nationale oder europäische Gesetze, wie damit umgegangen werden darf.

Die Fahrzeughersteller arbeiten zwar daran, Sicherheitslücken für das autonome Fahren ausfindig zu machen und zu schließen. Dafür bedienen sie sich sogar der Kooperation mit Hackern. Mich persönlich beruhigt das nicht. Nichts ist beunruhigender als die plakative Nachricht der Industrie: „It's all safe now!" Solche Systeme sind und bleiben unsicher.

Doch sind diese Systeme auch ziemlich doof. Eine der größten Hürden erkennt man auf Googles Teststrecken. Es sind die Staus, die das autonome Fahrzeug hinter sich verursacht. Das Wischcar hält sich strikt an die programmierten Verkehrsregeln! Diese Spießigkeit ist als ein wichtiges Mosaiksteinchen im Sicherheitskonzept natürlich gewollt und notwendig. Doch wird an dieser Stelle auch deutlich, dass diese Art von Perfektionismus und Rigidität so fern von normalem menschlichem Verhalten sind, dass sie zur Gefahr werden. Wenn auch nicht in Form cholerischer Wutausbrüche der ‚Hintermänner', so doch als in Stahl, Aluminium oder Kunststoff gegossene Wertematrix eines Laptops! Sie sagt in Zukunft, wo es lang geht.

Wirkung auf die Menschen

Nicht jeder Mensch wird durch seine Neugier gleichermaßen motiviert. Auch die zunehmende Schicht der Hedonisten ist relativ betrachtet gesellschaftlich noch in der Minderheit. Das sind aber wichtige Zielgruppenvoraussetzungen für den Absatz von autonom fahrenden Autos. Doch dürfte es irgendwann schwierig werden, seine Autonomie aufrecht zu erhalten, wenn alle Welt mit gläsernem Blick nur noch wischt, statt zu schalten und Gas zu geben.

Dass Menschen eines Tages nicht einmal mehr autonom werden entscheiden dürfen, ob sie noch selbst fahren oder nicht, empfinden sie nach einer Allensbacher Umfrage aus dem Jahr 2016 als höchst unangenehm!

Mit störanfälliger Technik fallen Sensoren aus, der Autopilot versagt, Unfälle passieren. Und dann das noch: Computersysteme können gehackt werden. Bei BMW geschah dies beispielsweise bei seinen automatischen Türschlössern, die mit jedem x-beliebigen Smartphone geöffnet werden konnten. Umgekehrt genauso: Ich stelle es mir nicht besonders lustig vor, wenn mein Auto mich interniert. Diese Kommunikation zwischen Telefon und Fahrzeugen kann man ohne großen Aufwand nachbauen. Darüber hinaus können Computerviren blitzschnell auf tausende Systeme angewandt werden. Tausende Autos werden fernsteuerbar.

Das technische Machbarkeits-Mantra soll uns Routinen abnehmen und unser Leben angenehmer und glücklicher machen, so die Slogans der Befürworter. Die Automatisierung müsse daher voranschreiten. Doch sind die Argumente für die Einführung der autonomen Verkehrstechnologie vorgeschoben. Eine Verringerung der Unfallquote ist nicht garantiert, sie kann sogar steigen.

Wischwütige Digitalfreaks

Es sind die ökonomischen Interessen und eine unreflektierte Anhängerschaft wischwütiger Digitalfreaks, die dieses Mantra befeuern. Das ist nichts Neues. Neu wäre es aber, den Nutzen für die Gesellschaft herauszuarbeiten. Denn dass Menschen endlich auch während des Autofahrens Filme auf dem Tablet schauen oder auf Türbildschirmen ihre Netzwerkaccounts durchwischen können, ist kein wirklicher Mehrwert, geschweige denn ein Wert an sich. Nicht auszudenken, wenn dann auch noch die süchtig machenden Kartoffelchips dazu kämen und ein paar Bierchen. Das macht zwar kurzfristig lustig, aber auf Dauer mächtig unglücklich, dick und dumm. Da helfen Health-App und Tracking-Armbänder noch weniger.

Sozialkultur vor Digital

Gefragt sind doch stattdessen die Werte für die Weiterentwicklung unserer Gesellschaft vor dem Hintergrund der Digitalisierung. Warum müssen wir Menschen immer wieder als Experimentierbaukasten für industrielle, staatliche Interessen und die wilden Ideen einiger Technik-Freaks herhalten? Immer gilt: zuerst die Technik – wir Menschen werden uns schon anpassen. Nein, werden wir nicht. Die Ablehnung wird steigen. So wird das nichts mit einer digitalorientierten Zukunft.

Da ändern auch selbstfahrende Autos nichts, wenn der Insasse zum Digitaljunkie degeneriert, Youtube-Videos konsumiert und auf großen Türbildschirmen hin und her wischt. Und in weiterer Zukunft werden neue Verkehrssysteme notwendig, um die wachsende Zahl von autonomen Fahrzeuge zu steuern und ein automatisiertes Verkehrssystem sicherzustellen.

Sehen wir uns außerdem die entscheidendsten Entwicklungsschritte in der menschlichen Evolution an: Das Sichbehaupten bei den ersten Fahrschritten nach Erlangung des Führerscheins, mit Papa auf dem Beifahrersitz bzw. dem ewig nörgelnden Mann, wenn er seiner Göttergattin mal das Steuer überlässt. Ja, das Navi hat dazu beigetragen Ehen zu retten, aber nur um den Preis der Verschleppung natürlicher Beziehungsauslesen. Wie grausam wäre es, dem Mann auch noch die Alphatiergehabe-Rolle: „Schatz, da vorne ist eine Ammpelll ... und hier rechts ein Booordstein ... " zu nehmen.

Lernen und lernen lassen

Das Konzept der Selbstwirksamkeit beschreibt die Fähigkeit des Menschen, etwas zu erlernen oder eine bestimmte Aufgabe auszuführen. Sie bestimmt, wie Menschen sich in einer konkreten Situation fühlen und denken, sich motivieren und handeln. Sie beeinflusst die Selbstwahrnehmung und Leistung auf ganz unterschiedliche Art und Weise.

Studien zeigen, dass Menschen, die an ihre eigene Kraft glauben, ausdauernder bei der Bewältigung von Aufgaben sind und außerdem ein geringeres Risiko für Angststörungen entwickeln. Es bedarf dazu weniger der Vermittlung von Medienkompetenz, also der Bedienkompetenz von Wischcars und dergleichen, als vielmehr der Entwicklung und des Trainings einer individuellen Selbstwirksamkeit.

Dieses ist kein einmaliger, abzuschließender Prozess, sondern er wiederholt sich, so oft wir dies zulassen. So gewinnen wir permanent die Fähigkeit zu mehr Selbstwirksamkeit und durchlaufen auf diesem Weg fast immer die folgenden vier Stufen:

- *Unbewusste Inkompetenz*
Wer nicht weiß, dass er nicht weiß, ist blind für seine möglichen Lernziele. Wie sollte man etwas ändern wollen, von dem man den defizitären Charakter gar nicht kennt. So lassen sich Kleinkinder durch die Welt chauffieren ohne das Bewusstsein, ein Auto eines Tages lenken zu können: keine Erkenntnis, kein Wille, kein Weg!
- *Bewusste Inkompetenz*
Aus dem Kleinkind ist ein Kind geworden, das seinen Erkenntnishorizont erweitert hat. Es weiß jetzt, dass es nicht weiß, wie man z. B. einen Verbrennungsmotor dazu bekommt, sicher das Wunschziel zu erreichen. Und selbst wenn es mit zunehmendem Alter von den wunderlichen Prozessen Kenntnis nimmt, so kann es ein Auto dennoch noch nicht selbst steuern: Erkenntnis, vielleicht schon ein Wille, aber noch kein Weg!
- *Bewusste Kompetenz*
Das ändert sich, wenn der Entschluss zum Handeln gefasst wird: Die aktive Aneignung von Fertigkeiten erweitert den mentalen und – im Falle des Autofahrens – räumlichen Horizont des inzwischen zum Erwachsenen gewordenen Kindes. Gleichwohl steht in dieser Phase noch das Bewusstsein des eigenen Handelns im Vordergrund. Es braucht noch viel Konzentration auf die multiplen Abläufe, um ein Fahrzeug sicher durch den Verkehr zu lenken: Erkenntnis, Wille, Weg! Doch mit der Zeit und vor allem mittels stetiger Übung fällt die Koordination leichter und geht über in die:
- *Unbewusste Kompetenz*
Ein Zustand, in dem die Intuition weitestgehend übernimmt. Immer noch sind wir präsent und hellwach, es haben sich jedoch Automatismen eingeschliffen, die es ermöglichen, den gespeicherten Input situativ in Sekundenbruchteilen abzurufen. Das entlastet beim Autofahren, macht aber auf der körpereigenen Festplatte auch Platz, um sich neuen Lernfeldern zuzuwenden. Und mit jeder Eroberung neuer unbewusster

Kompetenzen reift der Mensch an Erfahrungen, die sich immer über das jeweilige Thema hinaus verflechten und nicht nur lebenshungriger, sondern auch -fähiger machen.

Raubbau an Selbstwirksamkeit und Autonomie

Das autonome Auto und die totale Vernetzung des Verkehrs sind ein weiterer Baustein, die Fähigkeit „Selbstwirksamkeit" abzubauen. Und das weit über eine möglicherweise wegfallende Motivation hinaus, ein reales (Fahr-)Ziel zu setzen und dieses mit eigenen Steuerungsaktivitäten und analoger Navigation zu erreichen. Der Raubbau an den natürlichen, intrinsischen Motivatoren setzt sich fort. Anstatt etwas zu lernen, bestimmt das limbische System unser Denken und Handeln. Wir werden zu Opfern für die extrinsischen Beeinflussungsreize der sehr geschickten digitalen Marketingindustrie.

Menschen werden in Zukunft immer weniger Ausdauer bei der Bewältigung von komplexen Aufgaben haben und dabei ein erhöhtes Risiko von Angststörungen entwickeln.

Dann wird selbst eine erlernte und bewusste Kompetenz nicht voll abrufbar sein, weil erstens das Bewusstsein aufgrund antrainierter Unselbständigkeit nicht hinreichend vorbereitet ist und zweitens die Ablenkung notwendige Konzentration verhindert. So schwindet auch unsere Autonomie. Mit sinkender Selbststeuerung steigt die Fremdsteuerung.

Wen wundert es, dass Microsoft bereits 2015 eine Studie veröffentlichte, die zeigt, dass die menschliche Aufmerksamkeitsspanne von zwölf Sekunden im Jahr 2000 auf acht Sekunden im Jahr 2013 gesunken ist. Womit sie eine Sekunde geringer ist, als die von Goldfischen. Der Werbesatz „Mit einem Wisch ist alles weg" – gewinnt eine ungewollt reale Bedeutung!

Kapitel 10

45 Grad – Bodengucker und Blindlenker

„Noch nie waren so viele so sehr wenigen ausgeliefert."

Aldous Huxley

Der Kopf ist nach vorn geneigt, ungefähr im 45-Grad-Winkel, auf dem Gehweg, an der Ampel, auf dem Bahnsteig und im Auto. Überall und ständig schnell werden noch mal die Mails gecheckt. Gibt es neue Likes und Shares? So lieben uns die digitalen Medienkonzerne und belohnen uns mit kostenlosen und scheinbar produktivitätssteigernden Apps. Sie lieben es, wenn wir auch während jeglicher Fortbewegung jede freie Lebenssekunde am Wisch-Phone verbringen. Denn wir liefern ihnen kostenlos unsere Nutzer- und Bewegungsdaten. Vor allem geht es ihnen darum, Werbung zu verkaufen.

Nein, ich doch nicht

Einige sagen jetzt: „Nein, ich nutze das Wischphone doch nicht im Auto! Und beim Gehen auch nicht". Natürlich lässt sich niemand während der Steuerung eines Fahrzeuges oder zu Fuß ablenken. Es müssen wohl dann die anderen sein, die wir auf der Autobahn im 45-Grad-Modus auf der Nebenspur beobachten können.

Ein weiteres Phänomen geistert unter dem Namen „Pokémon Go" durch Straßen und Menschenköpfe, eine Spiele-App des Spielzeugherstellers Nintendo. Mit dieser können Sie überall an nahezu jedem Ort der Welt die kleinen Monster einfangen und sammeln. Das Besondere an diesem Spiel ist neben seiner Mobilität die Verbindung einer virtuellen Monsterwelt mit der realen Welt. Die Smartphonekamera stets vor der Brust haltend erscheinen hinter Laternen oder Bäumen die kleinen Monsterchen. Und so laufen Menschen völlig in ihrer Monsterjagd versunken gegen Laternen und Häuserwände, stürzen in Bäche und über Hunde oder Katzen in Parks. Die harte Realität stört in dieser Virtualität.

Für Technophile ist dieses Spiel die lang ersehnte Virtualisierung einer wohl langweiligen und einsamen Realität. Wenn uns kleine grüne Männchen in Ufos von oben beobachten könnten, würden sie sich an ihre grünen Köpfchen klopfen und ihren Prozessor zur Funktionskontrolle in die Werkstatt geben: „Da muss doch etwas im Wahrnehmungssensor kaputt sein! Sind Menschen wirklich so … doof?", müsste sich ein außerirdischer Außenminister fragen.

Erinnern Sie sich an die Smombie-Fußwege im chinesischen Chongqing (Kapitel 5 „Überfahren und weggewischt – Auf zur Putz-Olympiade") oder an die Bodenampeln in Augsburg! Bei konstanter Ablenkung könnten App-Entwickler einen „Spurhalteassistent" für das Smartphone entwickeln. Und die Politik könnte darüber debattieren, ob Gehwege mit Überholverbots-Schildern ausgestattet werden könnten oder für Straßenübergänge ein zusätzlicher grüner Abbiegepfeil nach rechts eingerichtet werden sollte. Nicht zu vergessen: Das absolute Parkverbot für stehende Passanten – denn wer steht, wird umgerannt. Das gilt sogar für Standwischer. Es bleibt kein Auge trocken. Es lebe die ausgerufene „digitale Revolution".

Besoffen an der Verkehrsampel

Doch nicht nur Fußgänger führen in der digitalen Revolution ein autistisches und gefährliches Leben. Dieses Verhalten überträgt sich immer mehr auf die Autofahrer. Laut einer Studie, die beim Jahreskongress der US-amerikanischen chirurgischen Fachgesellschaft American College of Surgeons vorgestellt wurde, wird während des Autofahrens telefoniert und getextet, dass Ohren und Finger glühen.

Wussten Sie schon, dass immer mehr Menschen besoffen an roten Ampeln stehen?

Sie zeigt, dass sich dabei die situative Wahrnehmung von Risiken um die Hälfte reduziert. Wer zum Beispiel mit einem Auto an einer Ampel steht, E-Mails und Facebook checkt, senkt seine fahrerischen Fähigkeiten um 40 Prozent – mindestens. Der Stress-Pegel geht nach oben, die Fehlerquote ebenfalls. Ein Team um den Traumachirurgen Bellal Joseph kam zu dem Ergebnis, dass Ablenkung beim Fahren eine vergleichbare Wirkung wie Alkohol hat. Joseph interpretiert das Ablenkungsniveau mit der Wirkung eines Alkoholisierungsgrades von 0,8 Promille im Blut (Joseph 2014).

Automatisierte Ablenkung

Jetzt wird zudem verständlich, warum die Sehnsucht nach dem autonomen Fahren so unersättlich ist. Mobil sein und zugleich nicht aus dem Wischrhythmus kommen. Einige Generationen später wird der geneigte Kopf für den 45-Grad-Modus bei Neugeborenen wohl natürlich sein. Denn Menschen passen sich im Laufe der Zeit an ihre Umwelt an. Konzentration auf das einzig Wichtige im Leben: die Plastikscheibe.

Die Smartphonenutzung von durchschnittlich dreieinhalb Stunden bei Erwachsenen zeigt eine deutliche Tendenz. Steigen die Nutzungszahlen weiter an, brauchen wir natürlich ein autonomes Auto, da wir überhaupt keine Zeit mehr zum Steuern des Fahrzeugs haben. Doch bis dahin werden wir noch mindestens

20 Jahre Autos steuern und bedienen dürfen. Hier wird der „Google-Glass-Effekt" eintreten: Eine Technologie für den Weltmarkt entwickelt scheitert an den unnatürlichen Voraussetzungen der Verbraucher.

Fragen Sie sich mal ...

... ob die Diskussion über das bevorstehende Abendmenü mit Ihrem Zuhause während der Autofahrt so wichtig ist, dass der Griff zum Smartphone unausweichlich ist – selbst wenn Sie schon in wenigen Minuten zu Hause ankommen sollten.

Dabei ist das Auto noch der letzte Ort der Ruhe, ganz im Gegenteil zu den öffentlichen Verkehrsmitteln. Die Situationen in öffentlichen Gefährten sind selbst nach über 20 Jahren Handys in Deutschland immer noch höchst ambivalent. Denken Sie an Reisende, die von Funkloch zu Funkloch in das Handy brüllen „Verstehst Du mich? Bin im Funkloch. Hallo? Hallo!". Die Information des Telefonats? Man steckte gerade in einem Funkloch und möchte nur mitteilen, dass man jetzt nicht mehr im Funkloch steckt und nebenbei heute wohl pünktlich ankommen wird. Wir werden darüber hinaus Zeuge privatester Informationen. Datenschutz und Privatsphäre ade. Es gibt selbst nach 20 Jahren immer noch Menschen, die ein öffentliches Verkehrsmittel mit einer Telefonzelle verwechseln, in der niemand zuhören kann. Wenn schon in der Öffentlichkeit in das Smartphone gebrüllt wird, wie laut werden diese Kandidaten erst, wenn sie alleine im Auto sitzen?

Physische Konsequenz: Stress, Stress, Stress

Weil es so alltäglich geworden ist, fallen sie kaum noch jemandem auf: die telefonierenden Zugpassagiere, die wischende Autofahrer. Jene, die das Reisen als Entspannung nutzen möchten,

werden vor allem in öffentlichen Verkehrsmitteln von arbeits-
wütigen, mit Smartphone, Tablet und Laptop bewaffneten Blut-
hochdrucklern gestört. Was dies mit Gesundheit zu tun hat?
Stress, Stress, Stress – für beide Seiten.

Für Autofahrer ist dies noch bedeutender: Bereits simple Aktivitäten und kleine Ablenkungen wie Sprechen oder das Ändern
des Radiosenders lenkt den Fahrer so vom Verkehr ab, dass es
reicht, um einen Unfall zu verursachen. Nach Überzeugung der
Wissenschaftler steigert der Griff zum Smartphone die Unfallge-
fahr etwa um das Vier- bis Fünffache, das Lesen und Schreiben
von Nachrichten um das Zehnfache.

Laut einer Hochrechnung der deutschen Versicherungswirt-
schaft steigt das Unfallrisiko mit dem Schreiben von SMS und
Mails am Steuer sogar um das 23-Fache. Bei Tempo 50 bedeutet ein fünf Sekunden dauernder Blick des Fahrers aufs Handy
70 Meter Blindfahrt.

Ob selbstfahrende Autos den Verkehr sicherer machen, ist allerdings höchst umstritten (siehe Kapitel 5 „Überfahren und weggewischt – Auf zur Putz-Olympiade").

Juristische Konsequenz: Berühren verboten

Für den Verkehrsteilnehmer ist da eher der Blick in die aktuelle Rechtsprechung interessant. Das Oberlandesgericht Köln
(Az. Köln Ss-OWi 49/08) hat entschieden, dass das Benutzen
des Smartphones während des Autofahrens ordnungswidrig ist.
Das beginnt bereits mit der Berührung des Smartphones, egal
für welche Funktion. Dazu gehört selbst das Wegdrücken eines
ankommenden Anrufes. Auch in das Smartphone integrier-
te Navis dürfen nicht genutzt werden. Wer sie dennoch nutzt,
muss anhalten, um die Orientierung abzulesen. Ebenso darf
das Smartphone nicht während der Autofahrt an das Ladekabel

angeschlossen werden (Oberlandesgericht Oldenburg Az. 2 Ss (OWi) 290/15). Das Verbot gilt übrigens auch für Radfahrer. Eine Entscheidung für den Umgang mit klassischen Navigationsgeräten (TomTom und andere) ist nicht bekannt. Blindfahrten sind demzufolge mindestens ordnungswidrig.

Autofahren ist wie Tauchen im U-Boot

U-Boot-Fahrer kennen dieses Gefühl der Blindfahrt: nichts sehen und blind durch die Wasserstraßen schippern, abhängig von Navigationsgeräten, Kameras und Sensoren. Blindes Vertrauen. Die Wahrscheinlichkeit, unter Wasser ein Wildschwein zu rammen, dürfte allerdings gering sein.

Auf öffentlichen Straßen sieht es da schon anders aus. Unsere Autos sind (noch) nicht mit derartigen Systemen ausgestattet. Mit dem Wischen auf dem Smartphone im Auto wird die „inverse Gesundheitsförderung" durch aktive Verunfallungsprovokation gefördert.

Eigenverantwortlich sich und andere schützen

Wie schaffen wir es aber ernsthaft, die Chancen, die die digitale Welt mit sich bringt, mit der Vernunft in Einklang zu bringen? Die Lösung kann nicht ein „Sich-darüber-Hinwegsetzen" sein, sowohl über die Gesetze als auch über die eigene Vernunft. Introspektive Einredungen („sich selbst belügen") helfen zwar, die eigene Unvernunft lakonisch zu begründen: „Ist doch nicht so schlimm!" „Ich habe das im Auto voll im Griff!" „Ach Quatsch, ich fahre doch Automatik, da liegt der rechte Arm schon immer nutzlos auf der Mittelkonsole herum." oder „Diese digitalen Angstmacher, wollen uns die Zukunft aus der Hand reißen. Weg mit diesen Renegaten und Maschinenstürmern!" Damit werden lediglich die Risiken ausgeblendet.

Gesucht wird: Digitale Vernunft

Vernunft wird im Allgemeinen beschrieben als eine Fähigkeit des menschlichen Denkens, durch Beobachtung und Erfahrungen Zusammenhänge in der Realität zu erkennen und daraus Schlussfolgerungen (in Form von z. B. Regeln, Prinzipien, Handlungsempfehlungen) zu ziehen. Das Handeln daraus orientiert sich an Werten. Oder im Umkehrschluss: Aus „keine Werte" folgt unorientiertes Handeln, was schließlich zu niedriger Vernunft führt.

Immanuel Kant formulierte in seiner „Kritik der reinen Vernunft", die Vernunft sei das oberste Erkenntnisvermögen. Mit ihrer Hilfe werde der Verstand kontrolliert. Dieser wiederum setze Grenzen und sei damit das wichtigste Mittel geistiger Reflexion.

Die Frage ist, warum sich Menschen nicht an vorgegebene Regeln, Prinzipien und wissenschaftliche Erkenntnissen halten, sondern lieber unvernünftig sind und sich lebensgefährlich verhalten. Kant beantwortet dies wie folgt: „*Der Mensch schöpft die Bestimmungsprinzipien seines Willens nicht allein aus Vernunft. Der Mensch ist kein rein vernünftiges Wesen, sondern ein teilvernünftiges, ein mit einem sinnlich-affizierten Willen ausgestattetes partielles Vernunftwesen.*" (Kant 2016a, S. 427).

Der Wille wird also auch von außerhalb der Vernunft gesteuert, von Neigungen und sinnlichen Veranlagungen. Mehr noch: Diese beruhen auf dem „Gefühl der Lust und Unlust". Kants „Lustprinzip" basiert auf den Beobachtungen von Thomas Hobbes. Sinngemäß sah Hobbes die Triebkraft des Menschen im Streben nach Lust und in der Vermeidung jeglicher Unlust. In den letzten 365 Jahren nach Kant hat sich nicht viel verändert an der menschlichen Vernunft. Ganz im Gegenteil: Die digitalen Medien sind in der Lage, die Vernunft auszuhebeln und Konsum und Entertainment über die Vernunft zu stellen.

Kant würde dazu sagen: Es wird Zeit für eine Nötigung, einen Imperativ. Ein Imperativ drückt ein Sollen mit Appellcharakter aus, „*daß etwas zu thun oder zu unterlassen gut sein würde.*" (Kant 2016b).

Wir brauchen wohl einen digitalen Imperativ …

Kapitel 11

Digitalerziehung – Tranquilizer im Urlaubsauto

„Niemand ist frei, der über sich selbst nicht Herr ist."

Matthias Claudius

Der letzte Urlaub war schön. Tage mit der Familie gemeinsam zu verbringen und das reale Alltagsleben zu gestalten – für die einen eine Belastung, für die anderen purer Luxus. Eine App konnte mir das bisher nicht bieten. Wen wundert das? Ist das Prinzip der Software-Entwickler im Silicon Valley genau das: Reale Tätigkeiten virtualisieren und alles, was nach Routine aussieht, zu automatisieren mit dem Ziel, dem Menschen auch jede erdenkliche Routinearbeit abzunehmen und in eine App auf das Smartphone zu transformieren.

Doch nicht nur das, die Virtualisierung leitet Menschen in den Eskapismus. Die Flucht aus der Realität in eine scheinbar bessere virtuelle Welt geht einher mit der Vermeidung von Lösungen der realen Probleme.

Nun ist Familienleben nicht ausschließlich Routine, ich denke da nur an eine Diskussion mit meiner Tochter, ob es sinnvoll ist, bei 11 Grad und Regen das kurze Kleid anzuziehen oder doch eine wärmere Hose. Nun ja, diese Diskussion verlieren Väter meistens. Doch Routinen wie das Besprechen von Tagesplänen, das Kochen, das Abwaschen, das Einkaufen und weitere Aktivitäten, die sich täglich wiederholen, sind für die meisten Menschen reale Aktivitäten im Urlaub – es sei denn, man (ver-)

schläft die zwei Wochen Urlaub wie ein Murmeltier. Doch diese Notlösung ist wohl der allerletzte Notnagel für die Flucht aus der realen Welt. Also rein in den Familienwahnsinn, mit einem Rückblick auf den letzten Urlaub.

Der Blick ins Nachbarauto

Und so beginnt eine reale Episode aus dem anlogen Leben in einer digitalen Welt. Die Szene fand statt auf der A2, etwa sechs Kilometer vor dem Gotthardtunnel, Richtung Norditalien. Wir standen im Stau, „stop and go", zweispurig, 27 Grad und Sonnenschein, der in die Urlaubsfahrzeuge strahlte. Schon beim Heranfahren an den Stau, als die Geschwindigkeit langsam sank, hatte man vom erhöhten Sitz unseres Wohnmobils einen wunderbaren Blick in die Fahrzeuge neben uns. Und so konnten wir in einer kleinen Sozialstudie vier Stunden lang im „stop and go"-Verkehr den Medieneinsatz in Urlaubsfahrzeugen beobachten.

Hirne im kollektiven Stand-by

Auffällig war, dass im vorderen Bereich jeder Beifahrer und Beifahrerin an einem Smartphone herumspielte. Sicherlich wurde wenige Kilometer vor dem Tunnel die Ausweichstrecke über den vereisten Alpenpass geprüft. Hier könnte man nicht nur 13 Minuten Fahrzeit einsparen, sondern auch gleich mit den Kindern hinten eine Runde Schlitten fahren.

Die Kinder auf den hinteren Sitzbänken waren indessen gut beschäftigt. In nahezu jedem Auto prangten Tablets an der Rückseite der Kopfstützen. Sie zeigten Trick- und Actionfilme. Eine Altersfreigabe war natürlich nicht zu erkennen. Aber wen interessiert im digitalen Zeitalter des „Alles-immer-für-jeden-und-sofort"-Konsums schon so eine antiquierte Einrichtung wie die

Freiwillige Selbstkontrolle der Filmwirtschaft in Wiesbaden, die diese Altersfreigaben festsetzt[15]?

Dass die addierten Bildschirmzeiten der Kinder und Jugendlichen durchschnittlich ca. sieben Stunden am Tag betragen, wundert den neutralen Betrachter nun nicht mehr. Mindestens vier Stunden werden von einem Teil im Stau abgeleistet. Viele Kinder schauten sogar schon gelangweilt aus dem Seitenfenster zu uns rüber. Vermutlich haben sie die Conni-Folgen nun schon zum x-ten Male gesehen. Damit sind die Neugier und das Belohnungssystem des Kindes auf null heruntergefahren – vergleichbar mit den Motoren in dieser schier unübersichtlichen Autokolonne.

Kinder werden mit Filmen oder sinnfreien Spielen ruhiggestellt. Sie nerven ihre Eltern dann deutlich weniger mit Fragen wie „Wann geht's endlich weiter?" oder „Mama, ich muss aufs Klo!" sowie dem Klassiker „Papa, ich will ein Eis!" – und das alles im Minutentakt und manchmal auch geschickt variierend, um dem schlanken Nervenkostüm der Fahrzeuglenker den neuronalen Todesstoß zu geben.

---

15 Erklärt hat sich mir noch nicht die FSK0-Angabe auf Filmen, vor allem bei Kinderfilmen. Diese sind also schon freigegeben ab dem Zeitpunkt der Geburt (FSK 2016).

Insofern erfüllt der mobile Medieneinsatz mit den tanzenden Pupillen der Kinder einen Zweck.

> *Ehepartner wischen sich gelangweilt die Finger wund, Kinder hängen apathisch im Auto und harren dem Schicksal eines Kindes im Familienurlaub.*

Die Beobachtungen wiederholen sich selbst dann, als sich die Kolonne vor uns langsam wieder in Bewegung setzt und sich auch unser Fahrzeug wieder schneller als 3 km/h bewegt.

Früher war alles besser?

Früher war alles besser! War es das? Wie war das denn früher, als es auch schon Staus gab, aber noch nicht das billige Entertainment von heute? Die Eltern mussten mit ihren Kindern kommunizieren und den Streit gestalten. Beide Seiten mussten aufeinander zugehen, um eine Chance auf eine friedlich-konstruktive Stimmung zu entwickeln.

Die Ablenkung erfolgte mit „Ich sehe was, was Du nicht siehst!", solange, bis auch das Kind keine Lust mehr darauf hatte, oder es wurden Geschichten erzählt aus vergangenen Urlauben. Eine der Geschichten ist erfunden. Kinder müssen erraten, welche der Geschichten die unwahre ist. Oder der Klassiker: Kennzeichen raten! Im Autoatlas gibt es ein Verzeichnis der deutschen Autokennzeichen (online sowieso). Oder Spielen mit (getarntem Mathe-)Lernen verbunden mit dem Zahlenspiel „Die böse Sieben". Reihum wird laut gezählt und bei allen Zahlen, in denen entweder eine 7 vorkommt oder die durch 7 teilbar sind, wird ein Ersatzwort gerufen, z. B. „Pups" oder „Hurra".

Was der ADAC empfiehlt

Die Digital-Avantgarde mag diese sozialen Spiele nicht. Sie erscheinen ihr peinlich und rückwärtsgerichtet. Das Argument: Jeder der vier Insassen könne doch die neue digitale Freiheit nutzen und sich auf seinem eigenen Bildschirm ganz individuell ablenken. Das Soziale käme dann durch den virtuellen Austausch in der Online-„Ablenkungs-Community" für gelangweilte Kinder auf Ferienfahrten.

Wie hier die sozialen Kompetenzen von Menschen, im Besonderen von Kindern, wachsen sollen, bleibt ein Rätsel. Dieses bekommt aber Futter, wenn der ADAC den Einsatz von Tablets im Stau empfiehlt. Das Argument: Damit die Kinder mal ein wenig Abwechslung bekommen. Wovon?

Soziale Kompetenz entsteht durch Kommunikation und Konfrontation und nicht durch Ablenkung. Anstatt also die Autofahrt zum Sprechen und Konfrontieren zu nutzen („Es gibt jetzt kein Eis und wir werden sehen, wer sich argumentativ durchsetzen wird."), empfiehlt der größte deutsche Automobilclub Ablenkung und Entertainment in den deutschen Staulawinen.

Ist es gesund, wenn Kinder mit digitalen Medien mobil ruhig gestellt werden? Ist das die neue und „mobile Medienkompetenz"? Das Digital-Mantra kann gesellschaftliche Folgen haben. Langzeitstudien zu diesen Fragen fehlen zwar, doch ein Gefühl dürfte den durchschnittlich über dieses Thema Nachdenkenden mitteilen: Hier läuft etwas nicht richtig. Punktuell aber lassen sich vereinzelt Erkenntnisse anführen.

Respekt und Umgangsformen unter Erwachsenen

Die Uni Regensburg erforschte 2014, dass die Mehrheit (im Hinblick auf die Vorbereitung Heranwachsender auf das Berufsleben) am ehesten Nachholbedarf hinsichtlich Respekt und Umgangsformen sieht. Der Generationenkonflikt ist gar kein Konflikt mehr, da die Konfliktpartner auf Wischgeräte ausweichen. Hier kann jeder fern vom Klärungsstress seinem Ego folgen, anstatt sich argumentativ zu artikulieren. Virtuelle Parallelwelten entstehen, die immer weniger Gemeinsamkeiten mit einem realen Alltag haben. Der digitale „Wischmob" als Flucht vor der Realität. Wir bauen zusehends eine eskapistische Haltung auf.

Eltern stehen meiner Auffassung nach vor der besonderen Herausforderung, ihre Kinder in die digitale Welt einzuführen. Damit meine ich aber nicht die Vermittlung des Umgangs mit digitalen Geräten („Wischkompetenz"), sondern die Stärkung von Selbstbewusstsein und Selbstvertrauen des Sprösslings. Ist dieses hinreichend entwickelt, kann ein Kind autonom entscheiden, wie viel Digital gut ist und wie viel nicht. Es gilt: zuerst die Sekundärfähigkeiten, die vor allem durch ein Aufwachsen in einer sozialen Gemeinschaft entstehen, und später das Digitale.

Doch wischende Eltern, die zum Beispiel den Kinderwagen durch die Straßen schieben, sind nicht nur verkehrstechnisch gefährlich, sondern auch eine Absage an die Entwicklung der Empathie beim Kind. Es beschwert sich zurecht: „Papi und Mami veranstalten da draußen die Wischweltmeisterschaft, und ich bekomme immer weniger Aufmerksamkeit". Diesen Zustand nimmt es mindestens emotional wahr und wird es den Eltern vielleicht später heimzahlen, indem es zu Hause bei Wisch- und Reinigungsaktionen Reißaus nimmt. Aber bis dahin gibt es sicherlich den Wischroboter, der zu Hause den Fußboden dauerhaft sauber hält. Dann bleibt mehr Zeit für unempathische Wischtreffen in der Familie. Ob Kinder dafür später noch den Aufwand des Besuches auf sich nehmen werden? Einsamkeit ist zu befürchten.

Erziehungsfrage

Reale und nicht-virtuelle, basale und originäre Fähigkeiten erlernt das Kind eben durch Vorbilder. Und diese Erziehungsarbeit beginnt idealerweise zu Hause und nicht im Kindergarten oder in der Schule. Doch stattdessen wird sie genau dorthin, in die Schulen, ausgelagert, die damit überfordert sind. Was die Eltern nicht leisten können oder wollen, soll die Schule übernehmen. Doch der Einstieg in die Fähigkeit des sinnvollen und eingeschränkten Umgangs mit Digital gehört nicht in die erste Klasse, sondern nach Hause. Und wie damit umgegangen wird, erkennt man auf deutschen Straßen in jedem Stau. Die reale Welt wird durch die virtuelle Welt verdrängt.

Wenn Kinder dadurch weniger reale Welt kennenlernen, ist nicht das Smartphone schuld. Es liegt an den Erwachsenen, Eltern, Erziehern und Pädagogen, die das Kind erziehen. Jahrelange Beobachtungen zeigen: Kinder mit einer hohen Bildschirmzeit am Tag erfahren emotional deutlich weniger Zuwendung von den Eltern als Kinder mit geringerer Bildschirmzeit.

Die Erwachsenen zeigen dem Kind immer weniger die reale Welt, wie sie wirklich ist, draußen vor der Haustür. Sie üben nicht mit ihm, sich darin zurechtzufinden, sie ordnen digitale Medieninhalte nicht mit dem Kind gemeinsam ein. So bleibt die Nutzung kontextfrei und damit nicht nachhaltig im Gedächtnis. Wenn dann im Urlaub und der Freizeit noch ein Tablet hinzukommt, damit man sich selbst weniger mit den Kindern beschäftigen muss, dann wird das Gehirn dieses Kindes bestimmte Verknüpfungen gar nicht erst herstellen.

Wissen real neu erschließen, statt digitale Medieninhalte nur zu verwalten, schafft Sinn. Diesen Sinn führt die Journalistin Susanne Iden in der Hannoverschen Allgemeinen aus: *„Das kann nur gelingen, wenn die Erfahrung der Älteren sich mit dem*

111

*Gestaltungsdrang der Jungen verbündet. Wenn bewährte Kultur-
techniken wie die Zulassung von Intimität, die Verknüpfung von
Fakten zu komplexen Zusammenhängen, die Fähigkeit, zwischen
Information (alles, was wir auf dem Smartphone sehen) und
Wissen (alles, was wir in einem Kontext einordnen können) zu
unterscheiden, weitervermittelt werden."* (Iden 2016).

Dialog statt Monolog

Je mehr Smartphones auf dem Markt sind, je höher die Nutzungszeiten pro Smartphone ansteigen, umso mehr degenerieren unsere Kinder auf dem Rücksitz zu Informations- und Un-
terhaltungsjunkies. Die Alternative besteht für die Eltern darin,
die journalistisch und wissenschaftlich aufgearbeiteten Informationen aus dem Internet in einen für das Kind passenden Kontext zu bringen. Das war, ist und bleibt eine Erziehungsaufgabe.

Dann haben Kinder auch eine Chance, sich ihrer Fähigkeiten
bewusst zu werden, indem sie ihr Wissen auf reale Gegebenhei-
ten anwenden und zugleich beobachten, welche Wirkung diese
Anwendung hat. Soziale Dialoge sind dafür eine deutlich bessere Grundlage als die emotionale Einbahnstraßenkommunika-
tion in Messengern u. ä. Solche dialogisch basierenden Ergebnisse speichert das Gehirn leichter ab, außerdem steigern sie die
Selbstwirksamkeit. Damit wächst auch der eigene Wille. Das ist
die beste Prävention gegen eine wachsende und fremdgesteu-
erte Lenkung von Digitalkonzernen und wachsender Digitalab-
hängigkeit.

Kapitel 12

Digitale Selbstoptimierung – Das „Fat-not-Fit"-Syndrom

„Wenn die digitale Revolution die Menschen überfordert, müsste man ihre Leistung eben steigern!"

TV-Dokumentation „Schöne neue Welt – Wie Silicon Valley unsere Zukunft bestimmt"

Er ist ein besonderer Menschenschlag, der „Selbstoptimierer". Selbstoptimierer unterbrechen die Arbeit nach jeweils exakt 32 Minuten, um die eigenen Stoffwechselwerte in eine Excel-Tabelle einzutragen. Daraus lässt sich errechnen, wann die nächste Chill-out-Phase in der Raucherkabine anberaumt werden sollte. Statt der Zigarette darf es auch das Vegan-Mix-Getränk aus der Bio-Tankstelle sein (ARAL hat das zeitweise morgens im Angebot).

Start am Morgen

Doch bevor der Weg zur Tanke eingeschlagen wird, nimmt der Selbstoptimierer noch vor dem Aufstehen sein Elektrodenstirnband ab. Das hat die ganze Nacht Bewegungs- und Temperaturdaten an das danebenliegende Smartphone geschickt und die Schlafoptimierer-App kontinuierlich gefüttert. Der zweite Griff geht zum Smartphone, mit dem er schläfrig zur Toilette torkelt. Was dort passieren kann, möchte ich mir eigentlich gar nicht vorstellen (siehe Kapitel 15 „Always on – Wischen auf dem Klo").

Doch die App gibt die erfassten Daten in einem „Management Cockpit" zuverlässig auf dem Bildschirm aus: Um 1:13 Uhr ist er eingeschlafen und um 7:00 Uhr aufgewacht. Dann hat er 14 Mal geschnarcht und immer wieder das Wort „Neeeeiiiiin, nicht die Katze in die Mikrowelle" gerufen. Weitere Daten zu den Hintergründen fehlen …

Doch hier könnte die Online-Community helfen. Schwupps, Upload der persönlichen Daten. Spätestens bis zum ersten Frühstückskaffee kommt Feedback von den anderen Optimierungs-Nerds: „Dein Katzentraum muss etwas mit deiner frühen Kindheit zu tun haben. Mein Nachbar hat das mal gemacht. Stinkt erbärmlich! Das Ordnungsamt hat ihm dann die Mikrowelle weggenommen. Also pass bloß auf!"

Humaninventur für die Neidfalle: messen, wiegen, gut aussehen

Ja, es gibt solche Menschen in der realen Welt, Katzenhasser und Katzenliebhaber. Hier sind es vor allem Liebhaber von digitalen Gadgets, meist am Handgelenk getragen. Sie möchten mehr über sich herauszufinden, sich selbst optimieren, wie ein Leistungssportler, sind neugierig und fasziniert von Technik. Wer sich darüber hinaus noch in den sozialen Netzwerken tummelt, mit tollen Fotos, Videos und Kommentaren, erzeugt sozialen Druck. Er muss nun auch im realen Leben gut aussehen – und so erfolgreich werden, wie es von anderen in der Onlinesphäre wahrgenommen wird. Das Reale folgt dem Digitalen.

Wer online gut aussieht, bekommt viele Likes. Wer zeigt, dass er die Feldwegrunde in Rekordzeit gelaufen ist, bekommt ebenfalls Likes. Das ist die Währung für die Plackerei auf Feldwegen, Laufstrecken, in Muckibuden und für die gestellten Belohnungsselfies vor Schlafzimmerspiegeln. In einer neo-materialistischen

Gesellschaft und einer Generation Y und Z zählen schlanke Körper mehr als teure Uhren oder der Mercedes vor der Tür. Das erklärt übrigens die Erfolge zahlreicher Youtuber, die sich für dieses Geschäft professionalisieren und es hier und da zu überraschender Prominenz bringen.

Hawthorne-Effekt

Hawthorne-Effekt wird dieser Ansporn zum „Sich-zur Schau-Stellen" genannt. Die Botschaft: „Ich bin besser als du!" Sobald mich jemand beobachtet, strenge ich mich mehr an.[16] Arbeitswissenschaftler entdeckten das Phänomen um 1920 in den amerikanischen Hawthorne-Werken, als sie versuchten, die Leistung von Arbeitern zu messen. Völlig überrascht stellten sie fest, dass die beobachteten Arbeiter fleißiger waren als die ohne Beobachtung (Schmundt 2013). Für den normalen Menschen auf seinem Weg zum gesellschaftlichen Ruhm werden sie deshalb immer beliebter, die Gadgets und Apps für die persönliche Fitness, für sportliche Körper und gesunde Ernährung.

Tools für den sportlichen Narzisten

Um mit eigenen Fitnessdaten seine „Freunde" im Internet beeinflussen zu können, gibt es unzählige kleine Helferlein. Die App „Dailyburn" liefert zum Beispiel das Fitnessstudio nach Hause. Mit Videos auf dem Smartphone oder Smart-TV können Workout-Übungen für Herz und Kreislauf und allgemeine Bewegungsübungen nachgeahmt werden und anschließend online für immer und für alle verfügbar gemacht werden. Wem dies nicht genügt, der installiere sich den „iPersonal Trainer". Dieser nimmt jede Entscheidung für den eigenen Trainingsplan ab. Alter, Größe, Geschlecht und Gewicht werden erfasst, schon ist

---

16 Die App Periscope ist dafür Live-Übertragungs-App der Stunde. Doch für die meisten genügt Facebook.

das persönliche Trainingsprogramm fertig. BMI-Rechner, eine Stoppuhr sowie ein Gewichts-Tracker komplettieren den digitalen Optimierungsbedarf für Anfänger und Freaks. „Runmeter" zählt die Schritte und berechnet den Energieverbrauch.

Da macht es besonders Spaß, vom Feldweg nach Hause zu kommen und sich das Sofa fallen zu lassen. Endlich zu Hause nach der Plackerei und schon sind die errechneten Leistungswerte, die verbrannten Kalorien und die Durchschnitts-Maxi-Mini-Geschwindigkeit auf dem Bildschirm. Das Gewissen ist nun beruhigt und lässt die Tüte Chips mit einem alkoholischen Getränk oder zweien in einem fröhlichen Licht erscheinen. Gesundheitseffekt? Gegen Null!

Königsdisziplin „Quantify yourself"

Die mit Trackingtools und Digitaluhren technisch „fully equiped" Selbstoptimierer treffen sich jährlich auf einem „Selbstoptimierungs-Kongress". Jetzt denken Sie vielleicht, dass sich dort nur die Spinner und Computer-Nerds treffen, doch weit gefehlt. Die meisten Kongressbesucher sind Durchschnittsbürger wie „du und ich", gehen einer geregelten Arbeit nach und waschen am Sonnabend ihr Auto mit einem Hochdruckreiniger und Spezial-Soft-Shampoo.

„Quantify yourself" heißt diese Bewegung der digitalen Hypochonder. Eine Ansammlung von Technik-Nerds, die einen großen Teil des Tages damit verbringen, Körper, Geist, Seele und Leben mit Hilfe von Technologie optimieren zu können. Eine Unterart beschäftigt sich besonders mit Gewichts- und Körperfett-Monitoring. Wer da mit einem Körperfettanteil von 5 Prozent bei den Männern kommt, gilt als „fett", „disziplinlos" und vermutlich als „analoger Kulturpessimist".

Das setzt sich im Liebesleben fort. Das Programm „Love Vibes" misst mit einem Beschleunigungssensor Anzahl und Geschwindigkeit der Hüftbewegungen. Dem Optimierungsbedarf sind offenbar keine Grenzen gesetzt. Roxxxy könnte hierfür sicherlich zusätzliche Hilfestellungen anbieten. (siehe Kapitel 8 „Faul und Bequem – Wisch-Roboter und andere").

Selbstoptimierung als Lebensziel

Diese Digital-Bünde zeigen den Trend: Selbstoptimierung als tägliches Lebensziel – höher, schneller, weiter. Alles muss perfekt sein. Das perfekte Leben, der perfekte Körper, das perfekte Training. Die breite Masse lehnt sich an diesen Trend an. Der Middle-Ager (40 – 50) prüft abends auf dem Sofa sein Trackingband. Ein Lichtsignal deutet auf Bewegungsmangel. Die Anweisung ist klar: Zieh deine Laufschuhe an und raus in den Regen bei 2 Grad.

Wussten Sie schon, dass Tracking-Armbänder und -Uhren nach durchschnittlich vier Monaten in der Schublade dem Ende ihres Funktionslebens entgegensehen?

Marketers der Hard- und Softwarebranche argumentieren, dass diese Armbänder auch den absolut Nicht-Sportlichen endlich zu mehr Bewegung aktivieren könnten. Die Realität widerlegt dieses Verkaufsargument. Die Anfangsmotivation ist kurzfristig gegeben – abhängig von Alter und Geschlecht. Die Nachhaltigkeit hingegen bei den meisten Menschen nicht. Warum? Neues erzeugt Neugierde zum Ausprobieren. Zusätzlich ist der Glauben bei vielen Konsumenten gegenüber den Marketingbotschaften offenbar groß.

Anhand der Software-Anwendungen steigt zwar die Anzahl der Nutzer von Online-Fitnessanbietern in Deutschland (2014). Doch nur jeder Achte (15 Prozent) ist ein aktiver Nutzer. Das sind die privaten Leistungssportler. Voll ausgestattet ohne positive Effekte für den Bewegungsapparat und das Herz-Kreislauf-System. Und welcher Informatiker, der die Algorithmen dafür schreibt, hat eigentlich die zusätzliche Kompetenz, Normen für die individuelle Fitness zu entwickeln? Viele folgen einer trivialen Logik der Datenauswertungen mit hohen Unsicherheiten in den Ergebnissen.

Rund 51.000 Gesundheits- und Fitness-Apps standen 2015 im Apple Store zur Verfügung (2014: 34.000). Nur 5 Prozent der Nutzer in Deutschland nutzen die Apps täglich.

Zudem lassen die intelligentesten Digitaldienste individuelle körperliche Voraussetzungen, mögliche Krankheiten, Vorbelastungen und individuelle Trainingsziele unberücksichtigt. Überforderung oder Unterforderung sind die logischen Folgen, gefolgt von Demotivation.[17] In der Summe freut sich nach Wochen oder Monaten der innere Schweinehund endlich wieder auf sein Sofa mit Second Screens, Glotze, Wein und Chips. Abermals droht das „Fat-not-Fit-Syndrom".

Alternative soziale Gruppe

Übungen mit einem menschlichen Trainer, z. B. in einem Fitnessstudio, fordern die Muskelgruppen deutlich intensiver als die Übungen zu Hause vor dem Tablet. Der Trainer und die gruppendynamischen Einflüsse überwinden den eigenen inneren Schweinehund häufig schneller und dauerhafter. Gemeinsame Bewegung mit einer Freundin oder Freund sorgen für einen gegenseitigen Motivationsschub.

Viel entspannender als die Selbstvermessung ist es, beim Laufen mal die Musik und das Smartphone daheim zu lassen. Abschalten. Laufen. Atmen. Natur. Atmen. Laufen. Anschließend eine Dusche. Mehr braucht man nicht für das Herauskitzeln von Glückshormonen und es spart darüber hinaus Zeit, wenn man auf das Upload-Gedaddel von Bewegungsstatistiken ins Internet verzichtet.

---

17 Der Aktivitätsschwerpunkt liegt mit 31 Prozent bei den chronisch Kranken. 28 Prozent sind Gesundheit- und Fitnessorientierte. Patienten mit akuten Erkrankungen liegen bei 8 Prozent, in der Pflege und bei Versicherern ist die Aktivität bei gerade mal 2 Prozent.

Kapitel 13

Big Data – Gefangen in der Digivalenz

„That's No Phone. That's My Tracker"

Peter Maass/Megha Rajagopalan (New York Times 2012)

Big Data ist in aller Munde. Das Buzzword, das seit Jahren durch die Gazetten und Köpfe der Menschen geistert, wird auch mit persönlicher Datenweitergabe, Geheimdiensten aber auch mit Großunternehmen wie Sony oder mit dem Industrie 4.0-Umfeld assoziiert.

Big Data erzeugt Angst

Viele Menschen äußern sich ängstlich über Big Data (Vodafone Institut for Society and Communications 2016). Mit diesem Begriff werden komplexe Technologien zusammengefasst, die automatisiert sehr große Datenmengen sammeln, strukturieren und vor allem auswerten. Diese Daten sind einerseits für die Geheimdienste interessant, andererseits auch für Digitalunternehmen. Denn deren Rohstoff sind unsere Nutzerdaten. Mit unseren Daten wird Gewinn gemacht, indem digitale Produkte (z. B. Online-Werbeprodukte) wiederum an Dritte verkauft werden, ohne dass wir dafür einen finanziellen Gegenwert erhalten.

Bei jedem Nutzeraufruf einer Internetseite werden den Digitalunternehmen nicht nur die Inhalte der jeweiligen Seite von einem Server übermittelt, sondern auch zahlreiche technische Anfragen von fremden Servern. Eine ganze Armee von Algorithmen und Servern ist permanent damit beschäftigt, Daten über unsere alltäglichen Verhaltensweisen, Vorlieben und Abneigungen zu sammeln, zu klassifizieren und Kontaktprofile zu erstellen.

Wann kaufe ich was? Welche Begriffe gebe ich in eine Suchmaschine? Was sind meine Hobbies? Habe ich viele Freunde und lebe ich alleine? Zu welcher Uhrzeit beschäftige ich mich mit welchen Aktivitäten? Wie gesund bin ich? Wie viel Sport mache ich?

Nutzer und Inhaltsanbieter haben kaum Kontrolle über diese Aktivitäten.

Big Data auf dem Klo

Eine dieser Big-Data-Anwendung nutzen nahezu alle Menschen täglich. Es handelt sich um die Google-Suchmaschine. Ein phänomenaler Datenalgorithmus, der heute deshalb so gut funktioniert, weil er seit der Gründung von Google im Jahr 1998 darauf programmiert wurde, Daten über unser Such- und Nutzerverhalten zu sammeln. Jeder GoogleKlick wird von Dutzenden weiteren Firmen gespeichert, um eben diese Personenprofile zu erstellen. Der Bundesverband der Deutschen Industrie (BDI) äußert sich über das Ziel von Big Data wie folgt: Über den direkten Kundenzugang soll die Kontrolle über die Kundenschnittstelle gewonnen werden (Roland Berger Strategy Consultans 2015).

Ein Beispiel: Über die Google-Suchmaschine suchen wir für den nächsten Urlaub nach einem Klappfahrrad. Das sollte natürlich möglichst wenig Platz im Kofferraum einnehmen. Noch bevor Sie sich entschieden haben, weiß Google, dass Sie sich für Klappfahrräder interessieren. Google gibt diese Informationen weiter, sobald Google danach gefragt wird – zum Beispiel von einem Klappradhersteller oder Großhändler. Dieser wird dann mit „zielgerichteter" Werbung werben und versuchen, Sie regelmäßig über die verschiedenen digitalen Kanäle und auf dem analogen Postweg mit seinen Produkten glücklich zu machen – mit Kaufanreizen und Versprechungen, dass Sie mit diesem einen Klappfahrrad in einem Monat mindestens fünf Kilo Körpergewicht abnehmen werden.

So weit so gut, aber wehe, die Entscheidung wird für den Kauf eines größeren Autos getroffen, für das kein Körpergewicht reduziert werden muss (zum Beispiel einen Audi Q7). Dann bekommen Sie immer noch Klappradwerbung auf das Wischphone transportiert.

Livestream vom Klo

Selbst das stillste Online-Surf-Örtchen (siehe dazu ausführlich Kapitel 15 „Always on – Wischen auf dem Klo") wird für Marketers zu einem der transparentesten Orte der Welt. Selbst auf dem Klo ist man also nicht mehr alleine.

Es fehlt nur noch eine Streaming-Kamera, um von der Sitzposition Kaufentscheidungen ableiten zu können. Der „Hocker" kauft vermutlich mehr als der „Steher". Rosa Wandfarbe ist kauffördernder als weiße Wandfarbe. Der Konsumoptimierung sind keine Grenzen gesetzt, vor allem nicht, wenn Sie von pfiffigen Marketingstrategen durchdacht werden, die dieses Potential kennen. Dann kommt so etwas raus: „Für Primekunden heute im Angebot: Rosa Wandfarbe für den halben Preis. Lieferung kostenfrei und zwei Malrollen gratis dazu." Wer greift da nicht gerne zu und malt sein Klo rosa an? Das Unterbewusste steuert das Bewusstsein, das Digitale das Soziale – unser Sozialverhalten degeneriert zu stundenlange Shoppingorgien auf rosa Klos – welch eine abstruse Vorstellung, aber sind wir wirklich so weit davon entfernt?

Es geht auf Ihrem Smartphone immer darum, Konsumbedürfnisse zu wecken, den gesamten Konsumbedarf zu erfassen, um Konsumenten zu Klickentscheidungen zu bringen. Der Kampf in bereits gesättigten Absatzmärkten erhält mit Big Data neue technische Erfassungs- und Auswertungsmöglichkeiten. So können mit mobil- und webbasierten Technologien die Datenerfassung unmittelbar am „Point of Interest" – also bereits am Ort der Bedürfnisentstehung – durchgeführt werden.

Der Egal-Mensch

Spricht man über dieses Thema, scheint es den meisten Menschen egal zu sein, wer da gerade in ihr Leben hineinhorcht. Eine Mischung aus Unwissenheit, Risikobereitschaft, Hilflosigkeit und grundsätzlicher Egal-Mentalität macht es der digitalen Wirtschaft besonders leicht. So kommt sie häufig schon mit europäisch legalen Mitteln an unsere Lebens- und Konsuminformationen.

Ein anderes Bewusstsein entsteht sofort, wenn das digitale Ausspähen unseres Lebens nicht nur von Großkonzernen und Geheimdiensten praktiziert wird, sondern zum Beispiel von Ihrem Nachbarn oder Ihrem Ex-Partner. Das ist mit der App „mySpy" spielend einfach. Diese kann von jedermann heruntergeladen und mit einem Trick schnell installiert werden.

Auf der Homepage wird die Späher-Software mit folgendem Text angepriesen: „*mySpy ist eine Anwendung für Smartphones, die im Hintergrund ausgeführt wird und so unauffällig SMS, Anrufe, Kalendereinträge, Notizen und vieles mehr aufzeichnet und speichert. mySpy kann als Wanze Konferenzräume belauschen, die Position des Handys via GPS ermitteln und alle Bewegungen als Karte aufbereiten.*"

Das ist der „Geheimdienst für alle" – praktiziertes „Big Data" für das private Smartphone. Auch solche Anwendungsgebiete werden im Zuge der technologischen Entwicklungen von Big Data möglich.

Was hat der, was ich nicht habe?

So ein Bedürfnis hatte ein Bekannter von mir. Mit einem durchschnittlichen Neidfaktor ausgestattet, wollte er schon immer einmal wissen: Wie schafft es sein Nachbar mit einem durchschnittlichen Einkommen, jährlich einen neuen Audi Q7, abwechselnd mit einen Porsche Cayenne vor der Tür stehen zu haben? „Selbst mit Leasing kosten diese Dinger monatlich einen Riesen-Betrag! Was macht mein Nachbar, was ich nicht auch machen könnte?"

Wenn es um den eigenen Vorteil geht, hilft dir Digital. Es soll ja auch ungesund sein, sich täglich zu ärgern über unbeantwortete Fragen, vor allem wenn die eigenen Minderwertigkeitskomplexe wischend auf dem Sofa mit Hilfe von Bildern und Werbung ihre Höhepunkte erreichen.

Also, es kam ihm folgende Idee. Er schenkte dem dreizehnjährigen Jungen des Nachbarn zum Geburtstag eines seiner (alten) Smartphones – das Auslaufmodell vom letzten Jahr. Darauf war die oben genannte Software bereits vorinstalliert und lief dauerhaft im Hintergrund. Die Anleitung zur Installation stand im Internet und war selbst für ihn als Nicht-Tekki leicht umzusetzen. Die digitale Wanze für die Hosen- und Schultasche war vorbereitet.

Der Nachbarsjunge freute sich diebisch über sein erstes richtiges Smartphone mit allem Schnickschnack. Selbst die Nachbar-Eltern bedankten sich erstaunt, aber freundlich bei ihm, mit den Worten: „Jetzt lernt der Kleine endlich mal richtig Medienkompetenz!". Alle waren glücklich. Und in der Tat: Der erste Test funktionierte einwandfrei. Die Gespräche am Abendbrottisch wurden in einwandfreier Sprachqualität übertragen, die Gesprächsinhalte wurden zugleich aufgezeichnet, in einem Soundfile (mp3) gespeichert und sofort an das Smartphone meines Bekannten übertragen.

Bereits Tage später kam die ersehnte Antwort auf „Was macht der, was ich nicht auch kann?". Über ein mitgehörtes Telefonat, das das Smartphone des Junges im Wohnzimmer aufzeichnete, wurde die Antwort frei Haus geleifert. Das viele Geld für die teuren Fahrzeuge stammt aus einer Erbschaft, die die Nachbarn meines Bekannten verschwiegen haben. Unerhört!

Vom Wischegoisten zum Digitalaltruisten

Der Nachbar ist offenbar doch kein Krimineller. Ohne die digitale Abhörwanze hätte mein Bekannter diesen Fall sofort und anonym bei der Polizei angezeigt. Der Beweis steht ja täglich vor der Haustür. Dann ließe sich zugunsten der Sicherheit völlig unegoistisch Schaden von der Allgemeinheit abwenden. Wer weiß, in welche kriminellen Machenschaften der Nachbar verwickelt ist. So würde aus dem Wischegoisten ein vermeintlicher Digitalaltruist.

Ego, Selbstüberschätzung und Neid

Doch die originären Triebfedern für dieses Kontrollverhalten sind Selbstüberschätzung, tief verwurzelter Neid und fehlende Reflexion. Mein Bekannter hat mit dieser Abhörtechnologie etwas für sein Ego getan: Der Nachbar ist in seinem Job offenbar doch nicht erfolgreicher als er selbst. Übrigens: Aus einem weiteren Telefonat des Nachbarn mit seinem Finanzamt kam heraus, dass der Nachbar noch eine hohe Steuerschuld begleichen müsse, da Erbschaften nun einmal versteuert werden müssten. Das wussten bald alle in der Straße. Meinem Bekannten ging es anschließend wieder deutlich besser – Dank der Trojaner-Software.

Fiktion wird Realität

Zugegeben: Diese Geschichte ist reine Fiktion, doch nach eigenen Tests in der Praxis realistisch. Allerdings verstößt eine derartige Nutzung dieser Software gegen das Grundgesetz und ist strafbar. Doch es muss nicht immer kriminell zugehen. Kosinskia et al. (2013) weisen auf Belege hin, die zeigen, dass allein aus einer Analyse unserer Facebook-Aktivitäten wie Likes etc. auf ethnische Zugehörigkeit, politische Einstellung, Religion, Beziehungsstatus, Geschlecht, sexuelle Orientierung oder Nikotin-, Alkohol und Drogenkonsum von Personen geschlossen werden kann – Big Data sei Dank.

Erinnern wir uns an die letzte Volkszählung. Tausende von Menschen gingen auf die Straße, weil sie ihre Grundrechte und ihre Selbstbestimmung verletzt sahen. Das Bundesverfassungsgericht schuf in seinem darauffolgenden „Volkszählungsurteil" das Recht auf informationelle Selbstbestimmung (BVerfG 1983). Der Hintergrund ist die erste Einführung eines Datenschutzgesetzes in Hessen 1970, das den Schutz der Information des Einzelnen gegen unbegrenzte Erhebung, Speicherung, Verwendung und Weitergabe persönlicher Daten gewährleistete sowie das Recht, grundsätzlich selbst über Preisgabe und Verwendung persönlicher Daten zu bestimmen. Menschen gingen auf die Straßen, weil ihre Grundrechte mit einer staatlich verordneten Maßnahme in Gefahr gerieten. Heute gehen Smartphones mit ihren Nutzern auf die Straße, aber nicht um zu demonstrieren, sondern Umsatz zu generieren.

Gefängnis „Digivalenz"

Und so bleiben wir gefangen in der gelebten digitalen Ambivalenz. Die Digivalenz hoher Nutzerbequemlichkeit gegen den Schutz unserer persönlichen Daten und unseres Freiheitsgutes. Die Freiheit, die wir mit den mobilen Geräten gewonnen haben, mutiert zu einer Freiheitstrafe. Wir bleiben Gefangene im Gefängnis „Digivalenz". Bis zu dem Zeitpunkt, wo wir uns für einen verantwortungsvollen Umgang mit Digitalität entscheiden.

Und der Ausbruch

Ja, die Geister, die wir riefen – wir werden sie offenbar nicht mehr los! Eine Möglichkeit, dieser Spionage entgegenzuwirken, wäre eine private Smartphone-Tauschbörse. Smartphones und Telefone könnten ständig die Besitzer wechseln, womit die Zuordnung unserer Daten nicht mehr personalisiert werden könnte. Aber das widerspricht unserer Bequemlichkeit und einem nicht stillbaren Lustprinzip, das nicht unterbrochen werden darf.

Kapitel 14

Achtung Vorbild – Digitalerziehung für Große

„Alles, was wir für uns selbst tun, tun wir auch für andere, und alles, was wir für andere tun, tun wir auch für uns selbst"

Thich Nhat Hạnh

Im digitalen Schwitzkasten

Haben Sie die folgende Situation auch schon mal beobachtet? Sie sitzen in einem Restaurant bei hervorragendem Essen und gutem Wein. Ein Paar betritt das Restaurant. Der Tisch neben Ihnen ist vorbestellt. Beide entledigen sich ihrer Jacken und Mäntel, der Kellner zieht die Stühle vom Tisch und bittet, Platz zu nehmen. Plötzlich: Während er sich hinsetzt, hält der Mann inne und bleibt leicht vorgebeugt in der Luft hängen. Etwas scheint das Hinsetzen zu behindern. Er fasst sich an sein Gesäß und an seinem Gesicht können Sie ablesen: Das muss ein schmerzhafter Bandscheibenvorfall sein.

Die Auflösung folgt unmittelbar: Das neue Smartphone „Maxidisplay 7s" liegt quer an seinem Gesäß und wird wie in einem Gefängnis von der engen Hosentasche und der darunter befindlichen körperlichen Füllung in den Schwitzkasten genommen. Ein stumpfer Druck in der hinteren Hosentasche verhindert das schmerzfreie Absetzen des Allerwertesten. Der erfahrene Phone-Gefängniswart weiß, was zu tun ist: Das Smartphone wird aus der lebensbedrohlichen Heckgarage befreit, es folgt ein anschließender Blick auf die aktuellen Benachrichtigungen in WhatsApp, zweimal wischen, checken, neue Nachrichten aus der WhatsApp-Gruppe. Die Terminfindung für das nächste Klassentreffen nervt schon seit zwei Wochen. Mit schmerzverzehrten Gesicht legt der Gast sein Smartphone endlich auf den Tisch und beobachtet, wie sich der Bildschirm automatisch abschaltet. Puh, das Platzieren und Rangieren eines Kleinkindes in einen Stocke®-Hochstuhl ist im Vergleich dazu ein Kinderspiel.

Die Seele des Smartphones

Hätte das Smartphone eine Seele und Emotionen, es müsste sich schlecht fühlen. Erst muss es drangsaliert, eingesperrt, in einem 36 Grad warmen Hosentaschenofen verweilen, um alle 8 Minuten von einer ungeduldigen Hand herausgerissen, am wichtigsten technischen Organ – dem Home-Button – hektisch befummelt und schließlich mit gierigen und hin und her bewegenden Pupillen in allen Himmelsrichtungen bewischt zu werden, bis es durch die verschmierte Plastikscheibe selber nichts mehr sehen kann. Gäbe es staatliche Gesetze für Smartphones, es müsste geschützt werden vor diesen überfallartigen und schmerzenden Wischattacken.

Doch in vielen Restaurants beobachten Sie zudem nicht nur die regelmäßige Befreiung und Zurschaustellung des neuestens Smartphone-Modells. Sie beobachten an den anderen Tischen eine Entwicklung neuzeitlicher Kommunikation. Menschen sitzen sich gegenüber und wischen zeitgleich auf ihren Smartphones herum, chatten, suchen Youtube-Videos. Dem Unterhaltungsbedürfnis sind keine Grenzen gesetzt. Statt mit dem nächstmöglichen Gegenüber zu kommunizieren, wird das am weitesten entfernte angechattet.

Die verbale Kommunikation verändert sich. Einige werden sagen, na ja, anstatt sich gegenüberzusitzen und krampfhaft nach einem Thema zu suchen, suche ich Gemeinsamkeiten in meiner Fotobox auf dem Smartphone und zeige sie meinem Gegenüber: „Schau mal, mein letzter toller Urlaub auf den Malediven! Und dieses Wetter und das blaugrüne Wasser erst! Hammer!" Das Gegenüber möchte ich sehen, dem nicht vor Neid nach der Ferne und Missgunst der Speichel schon vor der Vorspeise aus dem Mund läuft.

Jugendliche machen es den Erwachsenen vor

Interessant an diesen Beobachtungen ist, dass es sich dabei nicht um Kinder und Jugendliche in einem Fast-Food-Restaurant handelte. Es waren Erwachsene in einer kultivierten Lokalität, in der noch mit Messer und Gabel gegessen wird.

Dieses Kommunikationsverhalten der Erwachsenen setzt sich zu Hause fort. Jeder zweite Erwachsene bedient sein Smartphone während der Essenseinnahme, egal ob jemand dabei-

oder gegenübersitzt. Die Zeichen der fehlenden gegenseitigen Wertschätzung können nicht deutlicher sein. Soziale Kommunikation? Rückläufig! Räume für Empathie? Verschlossen!

Digitalkritiker behaupten: „Die Smartphones sind schuld!". Nein, sind sie nicht! Sofern von Schuld gesprochen werden kann, ist diese den Nutzern zuzuschreiben, also hier den Erwachsenen. Es gibt auch Smartphones, die still und ruhig ihr Mittagsschläfchen halten und sich nachts komplett erholen von der (Ab-)-Wischerei. Es geht mir also gar nicht um die Verteuflung technischer Geräte, es geht um die mangelnden Fähigkeiten, sich nicht von technischen Geräten und digitalen Medien in einem sozialen Umfeld dauerhaft ablenken zu lassen.

Erwachsene sollten es vormachen

Erwachsene sind für Kinder Vorbilder. In der Regel funktioniert dies unbewusst. Das Verhalten der Erwachsenen zu Hause, auf der Straße und in der Schule wird von den Jugendlichen unbewusst adaptiert und mit dem eigenen Wertesystem abgeglichen. Daraus entsteht meist Sympathie zum beobachteten Verhalten. Und wenn die Lehrerin oder der Papa zu Hause mit dem Smartphone vor ihren Augen durch die Gegend rennt, wird das von Kindern und Jugendlichen als nachahmenswertes Verhalten beobachtet: „Der oder die Erwachsene wird schon das Richtige machen. Außerdem mache ich es auch den ganzen Tag so, sogar heftiger." Ist die Antwort aus der Altersklasse zwischen 14 und 17. Unbewusstes Verhalten führt zu unbewusster Digitalerziehung.

Menschen aber brauchen Grenzen. Grenzen definieren einen Handlungsrahmen, in denen Menschen ihren Alltag und ihren beruflichen Aktivitäten nachgehen können. Ein Handlungsrahmen gibt Orientierung, um wirksam werden zu können. Die Digitalität aber kennt keine Grenzen, wie Beobachtungen in Restaurants täglich belegen. Digitalkonzerne tun viel, damit es so bleibt.

Sind die Grenzen einmal gefallen, ist der Weg für eine digitale Annexion seitens der Digitalunternehmen geebnet. Die Annexion in ihrer friedlichen Form findet mit leisen Waffen im Digitalzeitalter neue Anwendung. Die Ablenkung ist das neue Massengeschäft. Je öfter internetverbundene Geräte eingeschaltet und je länger sie anschließend aktiv sind, desto mehr Werbung und Daten verkaufen die Digital- und Medienunternehmen an ihre Kunden. Smartphones und viele Apps werden dafür entwickelt, das digitale Geschäft massentauglich zu machen und so in eine neue Umsatzdimension zu treiben.

Die Logik der Apologeten

Und so entwickelt sich Nutzerverhalten unbewusst zu einer Gewohnheit. Routinen sind bekanntermaßen schwer zu durchbrechen. Anstatt an sich selbst und an den eigenen Kindern zu beobachtende Symptome kurieren zu müssen, kann Digitalverhalten achtsam reflektiert und nachhaltig verändert werden.

Der Begriff der Achtsamkeit passt so gar nicht in die von Politik und IT-Unternehmen ausgerufene „digitale Revolution", die besonders durch disruptives Wachstum und Maßlosigkeit auffallen. Achtsamkeit und Disruption sind konträre Konzepte einer digitalen Gesellschaft. Das müssen sie aber nicht, wenn die Logik der Digital-Akteure bekannt ist. Es gibt Chancen auf einer kulturellen, normativen Ebene (vgl. Kapitel „Das Digitale Manifest – Sozial und digital"). Es gibt darüber hinaus Veränderungsmöglichkeiten auf persönlicher Ebene (vgl. Kapitel „Jetzt starten: Wege aus dem digitalen Hamsterrad").

Die Logik der Digital-Apologeten: Nur eine digitale Gesellschaft erbringt hinreichend Nachfrage nach digitalen Gütern. Also muss für den Erfolg einer „digitalen Revolution" beides kongruent wachsen. Leider bleibt die Perspektive des Nutzers unberücksichtigt, er ist Ware und Datenlieferant zugleich.

Gefordert ist eine eigene persönliche Haltung bei den Menschen, eine Charaktereigenschaft, die sich löst vom ungebremsten Güterkonsum und eben auch vom ungebremsten Digitalkonsum.

> *Wir brauchen ein „Digitales Bewusstsein".*

Digitales Bewusstsein bedeutet einen besonderen Wahrnehmungs- und Bewusstseinszustand, verbunden mit einem achtsamen Handeln im Digitalen. Er kann für jedermann zu einer charakterlichen Eigenschaft werden und dazu beitragen, ungebremsten Konsum in einem frühen Konsumstadium – insbesondere bei Kindern und Jugendlichen – einzudämmen.

Digitales Bewusstsein in der Schule

Eine Idee könnte sein, „Achtsamkeit" als Unterrichtsfach in Schulen einzuführen. Anstatt in der Grundschule wacklige Videos mit dem Tablet zu produzieren und auf das Feuer des digital Schnellen, Machbaren und Unterhaltsamen auch noch Benzin zu gießen, kann „Achtsamkeit" eine Alternative, eine Haltung, ein erstrebenswertes Persönlichkeitsmerkmal werden.

Diesen Zustand zu erreichen, ist meines Erachtens eine der nachhaltigsten persönlichen Entwicklungen eines Menschen. Denn er erfordert den bewussten Verzicht, nicht den schnellen Konsum. Er erfordert den bewussten Umgang statt der einfachen Verführung. Und er führt zu mehr Unabhängigkeit und Autonomie statt zu Abhängigkeit, Sucht und Fremdsteuerung. Aufmerksamkeit, Empathie und Konzentration werden dann wieder eine Chance zur Entwicklung bekommen.

Am Schluss: Einfach Abschalten

Wem der Prozess der Achtsamkeit zu aufwändig erscheint, dem bleibt noch das Motto: Abschalten statt Anschalten, oder salopp gesagt „Digital Detox", eine digitale „Entgiftung". Darunter wird der Verzicht auf die Nutzung von Smartphones und Computern für einen fest definierten Zeitraum verstanden (siehe Kapitel 4 „Arbeiten im Unterbrechungsmodus – Digitale Produktivitätskiller"). Die digitale Auszeit reduziert Stress und holt den Nutzer aus dem „Always on" und der virtuellen Welt für kurze Zeit zurück ins reale Leben. Nachhaltig ist das nicht, aber immer mal wieder gut.

In viel stärkerem Maße als bisher ist es erforderlich, dass sich die öffentliche und wissenschaftliche Diskussion um Mediennutzung nicht nur auf die jüngere Zielgruppe fokussiert, sondern sich auch mit dem Digital- und Nutzungsverhalten Erwachsener befasst. Denn der beste Digital-Unterricht mit Kindern und Jugendlichen kann scheitern, wenn die Eltern zu Hause ihrer eigenen Wischsucht frönen.

Es ist also nicht nur Aufklärung über die Risiken und Nebenwirkungen vor allem in den höheren Klassen notwendig, sondern Information und Aufklärung für die Erwachsenen. Sollte dies nicht gelingen, werden wir weiter in die Wisch- und Ablenkungsgesellschaft schlittern, in der die nachfolgenden Kinder Werte der Oberflächlichkeit und Egoismus vorgelebt bekommen. Schöne neue Welt :-(

Kapitel 15

Always on – Wischen auf dem Klo

„Wenn man seine Ruhe nicht in sich findet, ist es zwecklos,
sie andernorts zu suchen."

François de La Rochefoucauld

Wir sind fast am Ende dieses Buches. Der Ernst der bevorstehenden sozio-digitalen Herausforderungen sollte uns bitte nicht daran hindern, mit einer Portion Humor unser Leben weiter und erfolgreich zu bestreiten. Erfolg ist dabei relativ und findet für den Einzelnen in den allermeisten Fällen auch an den stillsten Orten eines lauten Lebens statt. Schauen wir im letzten Kapitel dieses Buches dorthin, wo Digital bereits wichtiger geworden ist als Papier und Seife …

Es ist schon faszinierend: Die digitale Wertschöpfung wird auch an Orten genutzt, an denen man vor zehn Jahren noch nicht wirklich arbeiten und Informationen produktiv nutzen konnte. Doch heute ist das Smartphone – neben dem Toilettenpapier – das wichtigste Utensil auf dem Klo. An diesem Ort bekommt die Wischkompetenz eine doppelte Bedeutung. 40 Prozent der Menschen verbringen ihre Zeit auf dem Klo mit ihrem Smartphone (Webwizzard.at 2013). 20 Prozent der Smartphones fallen ins Klo (Chip.de 2014). Viele von ihnen machen dort ihre ersten Schwimmübungen. Das Smartphone wird zur beliebtesten Klolektüre (Statista 2012).

Werbefachleute machen aus einem Witz für Digitaleuphoriker eine Vision. Sie visualisieren in einem Werbevideo die Idee einer Klo-App. Sie hat die Funktion, eine Rolle Klopapier zu simulieren und den Bestand leerer Klopapierrollen zu verwalten. In dem Werbevideo für das Klopapier „Le Trèfle", in dem ein Tablet-Junkie auf der papierlosen Toilette sitzt und nach einer neuen Rolle Papier ruft, wird ihm von seiner Frau ein Tablet unter der Tür durchgeschoben. Auf dem Bildschirm: eine Klopapierrolle. (Le Trèfle 2013). Die Rettung scheint nah. Doch wird hier wohl auch dem größten Digital-Junkie der Unterschied zwischen analog und digital deutlich. Dennoch gibt sich der Digitalapostel noch nicht geschlagen. Die Zukunft des „Internet der Dinge" macht noch mehr möglich. Die App wird bedarfsgerecht die Nachbestellung bei Amazon.de (oder einem anderen Anbieter) veranlassen, sollte sich die Anzahl der Rollen auf ein Minimum reduzieren oder einmal ganz ausgehen. So transformiert sich „real" in „virtuell" und „virtuell" wieder in „real".

Ob die Smartphone-Nutzung auf dem Klo gesundheitliche Auswirkungen hat, ist der deutschsprachigen Wissenschaft bisher nicht bekannt. Zwar gibt es erste Erkenntnisse über die Nutzung beim Autofahren oder in Konzerten, die Digitalnutzung auf dem Klo ist jedoch bis heute eine medienwissenschaftliche Wüste. In Big Data-Zeiten, in denen Daten über jeden Lebensbereich erhoben, gespeichert und interpretiert werden, ist das stille Örtchen immer noch ein blinder Fleck. Was passiert also auf dem intimsten Ort in digitaler Hinsicht und welche Wirkungen hat das Smartphone dort?

Verkappte Wischweltmeister

Die Toilette war schon immer ein Rückzugsort, seit Gazeneuve et Companie zu Beginn des 19. Jahrhunderts den „geruchlosen beweglichen Abtritt" erfand. Die Geburt der wasserbetriebenen Kloschüssel war vollbracht. Erstmalig konnte der Mensch länger als zwei Minuten auf dem stillen Örtchen verharren ohne vermeintlich zu ersticken oder im Winter in der freien Natur zu erfrieren.

Aus heutiger Sicht hatten die unangenehmen Rahmenbedingungen vor dieser Neuerung bis zu zwei Toilettengänge am Tag zu Folge. Heute gehen Frauen und auch Männer im Durchschnitt mindestens fünf Mal pro Tag fürs „kleine Geschäft" auf die Toilette. Zusätzlich noch einmal für das „große Geschäft", wobei 22 Prozent der Männer dies auch zweimal am Tag „können". Zählt man alle Toilettengänge zusammen, ergibt sich eine durchschnittliche Verweildauer von über einer Viertelstunde täglich. Diese Details brachte bereits eine repräsentative Umfrage des Marktforschungs-Instituts Target Group, Frankfurt, im Auftrag von Hakle-Kimberly aus dem Jahr 2002 ans Licht (Rais 2002).

Am Rande bemerkt: Nach dieser Studie verbringen Frauen mehr Zeit auf dem Örtchen (20,2 Prozent: 15 Minuten, 12,9 Prozent:

sogar 30 Minuten) als Männer (30,3 Prozent: um die 10 Minuten am Tag). 58 Prozent der Toilettengänger gaben an, sich auf das Wesentliche zu konzentrieren. Etwa ein Drittel (24,8 Prozent) nutzt die Auszeit zum Lesen von Tageszeitungen oder Magazinen, wobei dieses Verhalten wiederum bei den Männern überwiegt.

Entertainment – aber volles Rohr

Seitdem hat sich in der Informationstechnologie viel getan. Fast jeder Zweite nutzte 2015 während der Verrichtung des Geschäftes regelmäßig Smartphone, Tablet oder E-Reader (Wolter 2015). 10 Prozent haben sogar schon mal vom WC aus eine geschäftliche E-Mail versendet. Von den insgesamt 2.000 befragten Briten verschickt rund jeder Dritte Textnachrichten von der Toilette aus. 26 Prozent nutzen die Zeit sogar zum Shoppen.

Interessant sind nicht so sehr die absoluten Zahlen, sondern die Entwicklung über einen längeren Zeitraum: Haben 2012 nur 8 Prozent der User das Smartphone oder ein Tablet als Klolektüre genutzt, waren es 2014 bereits 12 Prozent – Tendenz steigend, insbesondere bei den unter 30-Jährigen. Die Nutzeranalysen zeigen, dass das Smartphone zu über 90 Prozent für Unterhaltungszwecke genutzt wird (Markowetz 2015).

Jedes dritte Handy ist bei dieser Gelegenheit schon in die Toilette abgetaucht. Einige wurden nach dem Herausfischen mit dem Schadenshinweis „Glas Wasser umgefallen" an den technischen Support geliefert. Support-Mitarbeiter bei Sony, Samsung oder Apple wissen jedoch Insights zu berichten: Die größte Gefahrenquelle für das Smartphone ist tatsächlich die Toilette. Hinter 49 Prozent aller deklarierten Wasserschäden verbergen sich Geräte, die in selbiger gelandet sind.

Lassen Sie uns gemeinsam einen Blick hinter die Kulissen werfen und den Ursachen tauchender Wischbrettchen auf den Grund gehen:

Männern urinieren meist im Stehen. Hier findet sich eine Ursache, warum das Smartphone ins Klo fallen kann. Oder haben Sie als Mann schon mal mit der rechten Hand Ihre Miniatur-Kakteen gegossen und zeitgleich mit der linken Hand Buchseiten umgeblättert? Oder versuchen Sie mal zwei Fernbedienungen zeitgleich zu nutzen, mit der rechten Hand die für die Stereoanlage und mit der linken die Vierfunktionenfernbedienung Ihres Apple-TV (oder eines anderen). Sie werden feststellen, das klappt nicht. Bei den meisten Frauen verhält es sich etwas anders mit dem kleinen Geschäft. Der Grund kann nicht das Stehen und gleichzeitige Bedienen von Haushaltsgegenständen sein. Nein, vielmehr rutschen Frauen-Smartphones meist beim Hinsetzen und Aufstehen aus den Hosengesäßtaschen und rein ins Klo.

Beim sitzenden Geschäft besteht zudem noch eine weitere Gefahrenquelle für das Smartphone: Die anwachsende Blutarmut im Sitzen mit den dauerhaft auf den Oberschenkeln abgelegten Unterarmen erzeugt ein Kribbel- und Schlafgefühl bei Dauerwischsitzungen. Damit geht ein erhöhtes Unfallrisiko beim Aufstehen in den stabilen Stand einher. Verkrampfte Hände können das rechteckige Gerät zudem nicht mehr fest genug greifen und schwupps, lernt auch dieses Smartphone erst fliegen und dann tauchen.

Das Smartphone auf dem Klo raubt Lebenszeit und Wohlgefühl

Der große Darmreinigungsvorgang auf dem Klo dauert in der normalen Sitzposition netto (ohne Smartphonenutzung) durchschnittlich 130 Sekunden. Hier gibt es keine Unterschiede zwischen Männern und Frauen. Die Geschwindigkeit der Darmentleerung und das damit empfundene Wohlbefinden sind darüber hinaus stark abhängig von der Sitzposition, die wiederum von der Smartphonenutzung beeinflusst wird. Wird die „Hocker-Position" eingenommen, ist die Effektivität größer, so als würde man sein Geschäft im Freien vollziehen. Dann dauert das Ganze nur noch 50 Sekunden, verbunden mit einem deutlich größeren Wohlbefinden.

Bei gleichzeitiger Smartphonenutzung in sitzender (!) Position dauert das Geschäft aufgrund des Daddelns nicht nur länger, auch das Gefühl einer kompletten Entleerung ist beeinträchtigt – selbst wenn diese physisch vollzogen wird. Und das ist mit dem Gartenschlauchknick zu erklären. Sie wissen, wie es ist, wenn Sie gerade mit dem Schlauch Ihre Pflanzen begießen und Ihr kleiner Racker hinter Ihnen den Schlauch zusammendrückt: Es kommt kein Wasser mehr. Vergleichbar verhält es sich bei einer langanhaltenden nach vorne gebückt sitzenden Körperhaltung. Das Smartphone knickt Ihren Darm. Es dauert und dauert und dauert …, egal: mehr Zeit zum Wischen und Daddeln.

Unsere digitale Spielleidenschaft tobt sich auf den Klos so richtig aus und erklärt so manche Suchanzeige:

> „Mann, 36, 1,80 m, dunkle Haare, iPhone 6S Rosagold 128 GB Speicher, zuletzt gesehen vor zwei Tagen nahe Toilette in Müllerstraße 12. Sachdienliche Hinweise an 0178 / 66776676".

Wenn uns Menschen keine anderen Möglichkeiten für eine erholsame Freizeitgestaltung mehr einfallen, sollte vielleicht tatsächlich eine zweite Klo-App entwickelt werden. Ihre Funktion bestünde dann darin, Luftfeuchtigkeit, Geruchsbelastung und verschenkte Lebenszeit zu messen und durch eine Korrelationsanalyse die optimale Aufenthaltsdauer für das Klo zu berechnen.

Ein Bekannter von mir hat die Always on-Vernetzung übrigens nahezu perfektioniert: Ein WLAN-Router schmückt das WC für die maximale Übertragungsrate vor Ort. Nun lassen sich auch große Dateien auf dem Klo mit höchstmöglicher Bandbreite downloaden. Er meint, es fehle nur noch ein kleiner Sitz-Schreibtisch – für die sitzende Hocke eben. Dann würde es auch nicht so warm auf den Oberschenkeln. Wichtig sei schließlich aus orthopädischer Sicht ein aufrechter Sitz. Der stärkt den Rücken und streckt den Darmausgang ...

Das Digitale Manifest –
Sozial und digital

„Ihr seid gar nicht so dumm, wie ihr ausseht."

Muhammad Ali

Wir befinden uns mitten in einem großen **Experiment**. Digitale Technologien werden an uns ausprobiert. Niemand weiß, welche positiven und negativen Konsequenzen Digital für das private und berufliche Leben bringen werden. Keine Generation vor uns ist mit Digital alt geworden.

Es wird Zeit für eine Orientierung, ein Digitales Manifest.

1. Weniger Digital ist Mehr

Im Digitalen steckt etwas Positives. Es kann das Leben bereichern. Doch es gibt einen Grenznutzen des digitalen Glücks. Dieser ist abhängig vom eigenen Nutzungsverhalten. Glück kehrt sich um, wenn die Nutzung zulasten der Gestaltung realer Lebenswelten geht.

2. Digitale Resilienz für mehr Lebensglück

Erwachsene und Kinder benötigen eine digitale Resilienz – für mehr Selbstbestimmung im Leben. Selbstreflexion ist eine dazu erlernbare Fähigkeit. Selbstbestimmung darf nicht von digitalen Diktaten aufgeweicht werden.

3. Sozial vor Digital

Eine digitale Mediengesellschaft bedarf einer Nutzerkultur. Bewährte Kulturgüter sollten darin nicht weggewischt werden. Kommunikation, respektvoller sozialer Umgang miteinander, Empathie und gegenseitige Unterstützung und Kooperation sind spitze Waffen gegen wachsenden Narzissmus und Egoismus in einer Wischgesellschaft.

4. Autonomie und Freiheit

Sie sind unumstößliche Grundrechte in unserer Gesellschaft. Digital höhlt sie aus. Das Recht an den eigenen Daten zu sichern, ist die drängendste politische und wirtschaftliche Aufgabe. Doch Datenschutz ist auch Sache jedes Einzelnen. Desinteresse und Ignoranz bohren auf längere Sicht die Autonomie und eigene Freiheit auf.

5. Digitale Bildung – Je weniger, desto zielführender

Digitalerziehung bedeutet aktive Auseinandersetzung mit den Lebensumwelten der Kinder. Statt Kinder weiter mit Tablets und Smartphones zugunsten des Umsatzes von Digitalkonzernen anzufixen, sind „digitale Curricula" gefordert, in denen zunächst Enthaltsamkeit, Achtsamkeit, Umgangsformen und soziale Kommunikationsfähigkeiten gebildet werden.

6. Zwischenmenschlicher Respekt – Der „Digitale Knigge"

Es finden sich nirgends Umgangsformen für den Umgang mit Digitalität im Alltag. Respekt und Wertschätzung sind unentbehrliche Werte für ein soziales und gestaltendes Miteinander. Ich wünsche mir eine gesellschaftliche Vereinbarung über traditionelle Werte, die heute und in Zukunft über allem Digitalen stehen sollten.

7. Menschen sind mehr wert als Computer

Die Entwicklung menschlicher Intelligenz ist künstlicher Intelligenz vorzuziehen und sollte nicht gutgläubig für substituierbar gehalten werden. Dies gilt für jeden Einzelnen, für Familien, Unternehmen und Aus- und Weiterbildungen. Der Computer war, ist und sollte ein Hilfsmittel bleiben.

8. Menschliche Kommunikation ist unersetzbar

Die reale Kommunikation steht über der digitalen Kommunikation. Sie sollte nicht durch WhatsApp & Co. weiter ersetzt werden. Qualität steht vor Quantität. Ein persönliches Gespräch ist zielführender als unzählige Kurznachrichten und nervende Gruppenchats.

9. Digitale Transformation braucht Nachhaltigkeit

Die Politik sollte die Risiken und Nebenwirkungen der digitalen Gegenwart und Zukunft kritischer in den Fokus setzen und den gesellschaftlichen Diskurs einfordern und aktiv fördern. Politischer Lobby-Aktionismus ist ein schlechter Berater für eine dauerhafte und beständige digitale Entwicklung.

10. Unternehmen benötigen digitale Führung

Die Gesundheit und das Wohlbefinden von Mitarbeitern werden in Zukunft zu einem wichtigen strategischen Erfolgsfaktor. Die Vermeidung von digitalem Stress wird Managementaufgabe. Eine digitale Führungskultur braucht Führungskräfte, die als Vorreiter und Vorbilder fungieren.

Wege aus dem digitalen Hamsterrad

„Einen Gescheiten kann man überzeugen, einen Dummen muss man überreden."

Curt Goetz

1. Machen Sie sich Ihr Interaktionsverhalten mit dem Smartphone bewusst. Zählen Sie, wie oft Sie am Tag das Handy in die Hand nehmen. Analyse-Apps wie zum Beispiel „Offtime" helfen dabei.

2. Bewusste digitale Auszeiten unterbrechen Routinen. Das beginnt, wenn Sie das Handy ab 20:00 Uhr ausgeschaltet in eine Schublade legen. Nach anfänglichen Panikattacken in den ersten Tagen werden Sie sich bald befreit(er) fühlen.

3. Ein kleines Wochenendprojekt mit Spaßfaktor: Bauen Sie mit Ihren Kindern ein kleines Bett für Ihre Smartphones und Tablets und bringen Sie sie abends gemeinsam zu Bett. Manche Eltern lesen auch noch eine kleine Geschichte vor. Das finden Kinder toll.

4. Legen Sie Ihr Smartphone zur Seite, wenn Kinder und Jugendliche in der Nähe sind. Sie verringern Frust, Traurigkeit und Wut. Verbringen Sie mehr ungestörte Zeit mit ihnen und schenken Sie Aufmerksamkeit – ganz ohne Wischen.

5. In den Beziehungen zwischen Erwachsenen: Verringern Sie die Seitensprünge mit ihrem Smartphone. Kehren Sie von einer Mehrsamkeit zur Zweisamkeit zurück.

6. Gemeinsame Mahlzeiten sind wischfreie Zonen. Dies gilt sowohl für die Mahlzeiten zu Hause als auch in Restaurants. Diese Momente helfen dem (Wieder-)Aufbau des sozialen Kontaktes und bringen Menschen einander wieder näher.

7. Schaffen Sie sich für Verkehrsnotfälle ein altes Nokia-Handy für Ihr Handschuhfach an und lassen Sie Ihr Smartphone zu Hause. Tipp: gibt's bei ebay für wenige Euro.

8. Für zu Hause: Vereinbaren Sie einen Mediennutzungsvertrag. Dieser unterstützt Sie, mit Ihren Kids klar messbare und realistische Regeln für den Digitalumgang zu Hause zu vereinbaren. Eine Vorlage gibt zum kostenlosen Download hier: www.mediennutzungsvertrag.de.

9. Stellen Sie alle Benachrichtigungen ab und löschen Sie 90 Prozent Ihrer Apps. Das wirkt wie Keller aufräumen und alte Sachen aussortieren – befreiend.

10. Nehmen Sie Social-Media-Wochenenden: Für ein ganzes Wochenende (Freitag bis Sonntag) kommt Ihr Smartphone in die Schublade. Nutzen Sie ein altes Handy als Notfalltelefon. Nur Ihre Familie kennt diese Rufnummer.

11. Werden Sie sich bewusst, dass Sie nie überall sein können. Sie sind unwichtiger für die digitale Welt, als Sie denken.

12. Legen Sie sich wieder eine Armbanduhr zu. So reduzieren Sie viele Aktivierungen und Ablenkungen durch den „Time-Wisch" auf Ihrem Smartphone.

13. Bevor Sie „whatsappen", rufen Sie lieber an. Das ist persönlicher und meist schneller und zielführender.

14. Verringern Sie Ihre Aktivitäten beim „Liken" und „Sharen" in sozialen Netzwerken. Ihr persönliches Nutzungsprofil wird an Dritte verkauft. Außerdem interessiert es Ihre 1.000 „Freunde" bei Facebook nicht wirklich, was Sie mögen.

15. Richten Sie digitalfreie Zonen zu Hause und im Unternehmen ein? Das können Zeiträume, aber auch Räume ohne WLAN-Zugang sein.

16. Der Sozial-Turbo: Setzen Sie sich in ein Café in die Fußgängerzone und laden Sie eine wildfremde Person einfach mal zu einem Kaffee ein. Daraus können bereichernde Gespräche entstehen.

17. Besuchen Sie einen Meditationskurs. Dort müssen Sie ihr Smartphone abschalten. Anschließend geht es Ihnen gleich doppelt besser, physisch und geistig.

18. Nutzen Sie Ihr altes Handy (oder ein anderes ausrangiertes Telefon), das Sie nur für Ihre engen privaten Kontakte nutzen. Verabreden Sie sich für einen Tag im Monat zu einem Telefonat mit einem alten Freund oder einer alten Freundin.

19. Das Diensthandy schalten Sie nach Feierabend aus.

20. Schaffen Sie sich ein Malbuch für Erwachsene, zum Beispiel „Mein verzauberter Garten", und einen Satz Buntstifte an. Dieses Malen entspannt unglaublich und lässt Sie Überraschendes entdecken. Versprochen.

21. Gehen Sie mit Ihren Kindern häufiger raus in die Natur. Die Möglichkeiten dort – vom Bolzen bis zum Baumhausbauen – sind schier endlos. Körperliche Aktivität und das Gestalten mit eigenen Händen fördert Kreativität und Persönlichkeitsentwicklung.

22. Legen Sie die mobilen Geräte mindestens vier Stunden am Tag ausgeschaltet zur Seite. Gehen Sie an der frischen Luft spazieren oder graben Sie eine neue Pflanze in Ihrem Garten ein.

23. Chips am Abend sind die analogen Fitnesskiller schlechthin. Da hilft anschließend auch keine App. Verbessern Sie zunächst Ihre Ernährung bevor Sie digital Schritte zählen lassen.

24. Warum vermessen Sie sich mit Fitnesstrackern? Sparen Sie das Geld und lernen Sie, auf Ihren Körper zu hören: Das Gefühl „Was tut mir gut und was nicht" ist die beste Datengrundlage für Ihre Entscheidung.

25. Organisieren Sie sich einmal die Woche ein Zeitfenster von zwei bis drei Stunden, in dem Sie einen Großteil Ihrer Nachrichten lesen. So machen Sie sich frei vom sofortigen Antwortstress. Ich tue dies an einem Tag in der Woche von 5:00 Uhr bis 7:00 Uhr morgens.

26. Kleben Sie einen „No-Phone"-Aufkleber auf das Amaturenbrett Ihres Autos. Es wird Sie daran erinnern, dass Sie im Auto die Wischfinger vom Wischphone lassen sollten.

27. Verpassen Sie nicht, was um Sie herum passiert. Darum: Smartphone im Straßenverkehr komplett ausschalten. Wenn Sie z. B. einen Weg in Erfahrung bringen wollen, sprechen Sie Passanten an. So erschaffen sie kurze und überraschend glücksfördernde soziale Momente, ganz ohne Smartphone.

Literaturverzeichnis

Quellen

Basford, J. (2013):Mein verzauberter Garten: Eine Schatzsuche.
4. Aufl. Knesebeck.

Beuth, P. (2014): Wenn Software über Leben und Tod entscheidet.
Online: http://www.zeit.de/digital/internet/2014-05/unfall-
fahrerlose-autos-ethik [abgerufen am 27.9.2016].

BVerfG (1983): Urteil vom 15. Dezember 1983. Az. 1 BvR 209/83,
1 BvR 484/83, 1 BvR 440/83, 1 BvR 420/83, 1 BvR 362/83,
1 BvR 269/83. openJur 2012, 616.

Chip.de (2014): Studie: Jedes fünfte Smartphone fällt ins Klo.
Online: http://www.chip.de/news/Studie-Jedes-fuenfte-Smartphone-
faellt-ins-Klo_73653925.html [abgerufen am 25.8.2016].

Decker, O./Kiess, J./Brähler, E. (Hrsg.) (2016): Die enthemmte Mitte.
Autoritäre und rechtsextreme Einstellung in Deutschland. Studie der
Uni Leipzig in Kooperation mit der Heinrich Böll-, der Otto Brenner-
und der Rosa Luxemburg-Stiftung. Gießen.

DEKRA (2016): Erhebung der DEKRA Unfallforschung in sechs
europäischen Hauptstädten. Fußgänger beim Überqueren der Straße:
Riskante Ablenkung durch Smartphones. Online: http://www.dekra.
de/de/pressemitteilung?p_p_lifecycle=0&p_p_id=ArticleDisplay_
WAR_ArticleDisplay&_ArticleDisplay_WAR_ArticleDisplay_
articleID=59165368 [abgerufen am 25.8.2016].

Die Weltpresse.de (2014): NSA beklagt mangelhafte Rechtschreibung in deutschem E-Mail-Verkehr. Online http://dieweltpresse.de/
nsa-beklagt-deutsche-rechtschreibung/ [abgerufen am 25.8.2016].

FSK (2016): Alterseinstufungen und FSK-Kennzeichen. Online: https://www.spio-fsk.de/?seitid=508&tid=72 [abgerufen am 24.9.2016].

Hegmann, G. (2015): Lieber Lover-Ladies als Geiz-Transen. In: Die Welt vom 14.9.2015. Online: https://www.welt.de/wirtschaft/article146290079/Lieber-Lover-Ladies-als-Geiz-Transen.html [abgerufen am 27.9.2016].

Iden, S. (2016): Machen Smartphones dumm? Digizale Demenz? Im Gegenteil! Online: http://t.haz.de/Sonntag/Top-Thema/Digitale-Demenz-Im-Gegenteil-Machen-Smartphones-dumm [abgerufen am 27.9.2016].

Institut für Demoskopie (2014): Die Zukunft der digitalen Gesellschaft. Ergebnisse einer repräsentativen Bevölkerungsumfrage. Online: www.digital-ist.de/fileadmin/content/Die-Themen/Umfrage/Ergebnisse_Umfrage_komplett.pdf [abgerufen am 25.8.2016].

Jahner, P. (2014): 15 Leute, die das mit Autokorrektur lieber lassen sollten. Online: https://www.buzzfeed.com/philippjahner/autokorrektur-fail?utm_term=.qjVzedzj0e#.atq7M570QM [abgerufen am 25.8.2016].

Joseph, B. (2014): 100-Car Naturalistic Driving Study. National Highway Transportation Safety Administration.

Kant, I. (2016a): Kritik der reinen Vernunft. Altenmünster.

Kant, I. (2016b): Grundlegung zur Metaphysik der Sitten – Mit der Seitenzählung der Akademie-Ausgabe. Köln.

Knop, K./Hefner, D./Schmitt, S./Vorderer, P. (2015): Mediatisierung mobil. Handy- und mobile Internetnutzung von Kindern und Jugendlichen. Landesanstalt für Medien Nordrhein-Westfalen (LfM). Online: http://www.lfm-nrw.de/service/veranstaltungen-und-preise/studienpraesentationen/always-on.html [abgerufen am 25.8.2016].

Kosinskia, M./Stillwella, D./Graepel, T. (2013): Private traits and attributes are predictable from digital records of human behavior. Online: http://www.pnas.org/content/110/15/5802.full.pdf [abgerufen am 27.8.2016].

Lechtleitner, S. (2014): Smartphone und Tratschen – die Produktivitätskiller Nummer eins. Online: http://www.personalpraxis24.de/aktuelles/thema-der-woche/archiv-themen-der-woche/smartphone-und-tratschen-die-produktivitaetskiller-nummer-eins/ [abgerufen am 27.8.2016].

Le Trèfle (2013): Emma, Le Trèfle. Online: https://www.youtube.com/watch?v=RRDSj62tlvQ [abgerufen am 20.9.2016].

Markowetz, A. (2015): Digitaler Burnout München.

Müller, A. (2015): Wieso in China Unfallopfer nochmal überfahren werden. Online: http://www.stern.de/wirtschaft/news/china--nach-dem-unfall-nochmal-ueberfahren-6439166.html [abgerufen am 26.8.2016].

N-TV (2016): Das 11-Minuten-Märchen. Parship laufen die Singles weg. Online: http://www.n-tv.de/panorama/Parship-laufen-die-Singles-weg-article17667701.html [abgerufen am 27.8.2016].

Parship.de (2016): Homepage-Mitteilung: Erfolgreich: Alle 11 Minuten verliebt sich ein Single über Parship. Hochrechnung aus Nutzerbefragung 2013. Online: https://www.parship.de/ [abgerufen am 20.9.2016].

Raether, T. (2016): Sexuell aufgeladen. Nackte Zahlen. Die Sexkolumne. Online: http://sz-magazin.sueddeutsche.de/texte/anzeigen/44372/ [abgerufen am 27.8.2016].

Rais, B. (2002): Wie der Deutsche sein „Geschäft" erledigt. Online: http://www.verbrauchernews.de/artikel/0000011328.html [abgerufen am 25.8.2016].

Roland Berger Strategy Consultans (2015): Die digitale Transformation der Industrie. Eine europäische Studie im Auftrag des Bundesverband der Deutschen Industrie e.V. (BDI). Online: http://bdi.eu/media/user_upload/Digitale_Transformation.pdf [abgerufen am 27.8.2016].

Schau hin (2016): Sinus-Studie 2016: Jugendliche digital gesättigt. Online: http://www.schau-hin.info/news/artikel/sinus-studie-2016-jugendliche-digital-gesaettigt.html [abgerufen am 28.4.2016].

Schmundt, H. (2013): Wettlauf mit Zombies. Online: http://www.spiegel.de/spiegelwissen/jogging-besser-laufen-mit-apps-fuers-smartphone-a-887197.html [abgerufen am 27.8.2016].

Spiegel Online (2016): Handy führt zu tragischem Unfall: Frau starrt, stürzt und ertrinkt. Online: http://www.spiegel.de/video/china-frau-in-wenzhou-starrt-auf-handy-und-ertrinkt-video-1638628.html [abgerufen am 26.8.2016].

Statista (2012): Beliebteste Klolektüre in Deutschland 2012. Online: http://de.statista.com/statistik/daten/studie/219870/umfrage/beliebteste-klolektuere-in-deutschland/ [abgerufen am 25.8.2016].

Statista (2015): Wie digital ist Deutschland? In: Anteil der Nutzer von WhatsApp nach Altersgruppen in Deutschland im Jahr 2015. Online: http://de.statista.com/statistik/daten/studie/510985/umfrage/anteil-der-nutzer-von-whatsapp-nach-altersgruppen-in-deutschland [abgerufen am 25.8.2016].

Steers , M.-L. N./Wickham, R. E./Acitelli, L. K. (2014). Seeing Everyone Else's Highlight Reels: How Facebook Usage is Linked to Depressive Symptoms. In: Journal of Social and Clinical Psychology 8/2014, S. 701–731. Online: http://guilfordjournals.com/doi/abs/10.1521/jscp.2014.33.8.701 [abgerufen am 27.8.2016].

Technische Universität Darmstadt (2013): Facebook-Nutzung macht neidisch und unzufrieden. Online: http://www.tu-darmstadt.de/vorbeischauen/aktuell/archiv_2/2013_1/einzelansicht_63808.de.jsp [abgerufen am 27.8.2016].

Teuchert-Noodt, G. (2016): Ohne Smartphone ins digitale Zeitalter. In: Frankfurter Rundschau 212/2016, S. 21.

Trentmann, N. (2015): Firmen schicken Mitarbeiter zur digitalen Entgiftung. Online: http://www.welt.de/wirtschaft/webwelt/article131173150/Firmen-schicken-Mitarbeiter-zur-digitalen-Entgiftung.html [abgerufen am 26.8.2016].

Vodafone Institut for Society and Communications (2016): Big Data. A European Survey on the opportunities ands risks of data analytics. Online: http://www.vodafone-institut.de/wp-content/uploads/2016/01/VodafoneInstitute-Survey-BigData-en.pdf [abgerufen am 20.9.2016].

Webwizzard.at (2013): 40 % mit Smartphone am Klo. Online: http://www.webwizard.at/contator/webwizard/news.asp?nnr=61383 [abgerufen am 25.8.2016].

Wiechers, H./Pflitsch, S./Moucha, P. (2015): Der Online-Dating-Markt 2014–2015. Studie für Singlebörsen-Vergleich.de. Online: http://www.singleboersen-vergleich.de/presse/online-dating-markt-2014-2015.pdf [abgerufen am 27.8.2016].

Winterhoff, M. (2015): Mythos Überforderung: Was wir gewinnen, wenn wir uns erwachsen verhalten. 8. Auflage. Gütersloh.

Wolter, J. (2015): Handy auf dem Klo - so viele nutzen es wirklich. Online: http://www.presseportal.de/pm/55923/3036458 [abgerufen am 25.8.2016].

Weiterführende Literatur

Kapitel 1
Abfüllanlage im Taschenformat – Wie Smartphones Angst und Neid füttern

T-Online (2016): Smartphone-Benachrichtigungen können ADHS-Symptome auslösen. Online: http://www.t-online.de/eltern/gesundheit/ads/id_77871046/smartphone-mitteilungen-koennen-typische-adhs-symptome-ausloesen.html [abgerufen am 27.8.2016].

Kapitel 2
Digitales Kommunizieren – Spielend leicht ... in den Wahnsinn

Balke, S. (2014): SMS-Missverständnisse: Warum sich Männer und Frauen nicht texten sollten. Online: https://www.elitepartner.de/magazin/sms-missverstaendnisse-warum-sich-maenner-und-frauen-nicht-texten-sollten.html [abgerufen am 26.8.2016].

MDR (2016): Jeder Zweite fühlt sich vom Islam bedroht. Online: http://www.mdr.de/sachsen/leipzig/studie-islam-demokratie-enthemmte-mitte-100_zc-a6f13cad_zs-56359c02.html [abgerufen am 26.8.2016].

Petzold, M. (2002): Psychologische Aspekte der Online-Kommunikation. Vortrag auf der Tagung „Hilfe auf den ersten Click". Köln, 8.11.2002.

Kapitel 3
Stress und Resilienz – Zwei Seiten derselben Medaille

Felchner, C. (2016): Apps gegen Stress: Das Smartphone als Yoga-Lehrer und Wellness-Oase. Online: https://www.o2online.de/blog/news/wellness-oase-smartphone-apps-gegen-stress-138597 [abgerufen am 26.8.2016].

Frangi, R. (2016): Das Gedanken-Karussell stoppen. Online: https://www.gesund-digital.com/das-gedanken-karussell-stoppen/ [abgerufen am 26.8.2016].

Frisch, J. (2016): Wenn Ärzte Apps verordnen wie Pillen. Online: http://www.aerztezeitung.de/praxis_wirtschaft/w_specials/gesundheitsapps2011/article/910754/zukunft-e-health-wenn-aerzte-apps-verordnen-pillen.html [abgerufen am 26.8.2016].

Handelsblatt (2015): Warum Handys für Kinder so gefährlich sind. Online: http://www.handelsblatt.com/panorama/reise-leben/stress-und-suchtgefahr-warum-handys-fuer-kinder-so-gefaehrlich-sind/12393910.html [abgerufen am 26.8.2016].

Hefti, R. (2016): Sind Apps die neuen Tabletten? Online: https://www.gesund-digital.com/3413-2/ [abgerufen am 26.8.2016].

Merlot, J. (2013): Anti-Stress-Apps: Das Smartphone als Entspannungstrainer. Online: http://www.spiegel.de/gesundheit/psychologie/entspannungs-apps-fuer-das-smartphone-im-test-a-882174.html [abgerufen am 26.8.2016].

Kapitel 4
Arbeiten im Unterbrechungsmodus – Digitale Produktivitätskiller

gerald-lembke.de (2015): Produktivität sinkt durch Smartphones. Online: http://gerald-lembke.de/podcast/podcast-produktivitaet-sinkt-wegen-smartphones/ [abgerufen am 26.8.2016].

Goltz, T. (2015): Wenn das Handy den Alltag bestimmt: Die neue Droge heißt Smartphone. Online: http://www.aachener-zeitung.de/lokales/region/wenn-das-handy-den-alltag-bestimmt-die-neue-droge-heisst-smartphone-1.1180011 [abgerufen am 26.8.2016].

Knocke, K. (2014): Digitale Entgiftung. Online: https://blog.wdr.de/digitalistan/digitale_entgiftung [abgerufen am 26.8.2016].

Kapitel 5
Überfahren und weggewischt – Auf zur Putzolympiade

Deutscher Bundestag (2014): Multi-Stakeholder-Prozess stärken. Online: https://www.bundestag.de/presse/hib/2014_07/-/286142 [abgerufen am 26.8.2016].

Kapitel 6
Paarschippen – Online-Baggern für ein Leben mit Glück

Christl, W. (2014): Kommerzielle Digitale Überwachung im Alltag. Studie im Auftrag der österreichischen Bundesarbeitskammer. Online: http://crackedlabs.org/dl/Studie_Digitale_Ueberwachung.pdf [abgerufen am 27.8.2016].

155

Dossey, L. (2014): FOMO, Digital Dementia, and Our Dangerous Experiment. In: EXPLORE: The Journal of Science and Healing 2/2014, S. 69–73.

Singlebörsen-Vergleich.de (o. J.): Herzi in New York: Tinder, wohin man schaut. Online: http://www.singleboersen-vergleich.de/kurioses/1110-herzi-in-ny-im-tinderfieber.htm [abgerufen am 27.9.2016].

Weber, S. (2016): Der Roboter in meinem Bett. Online: http://www.sueddeutsche.de/digital/technik-der-roboter-in-meinem-bett-1.2886887 [abgerufen am 27.8.2016].

Kapitel 7
Wischbrett im Kopf – Tablets in Kita und Schulte

OECD (2015): Bildung auf einen Blick 2015: OECD-Indikatoren. Online: http://www.oecd.org/berlin/publikationen/bildung-auf-einen-blick.htm [abgerufen am 27.8.2016].

Thiel, T. (2016): Digitales Lernen. Entmündigung als Bildungsziel. Online: http://www.faz.net/-gqz-8jc03 [abgerufen am 27.8.2016].

Ulbricht, A. (2016): Ihr Smartphone-Eltern seid schuld! Online: http://www.spiegel.de/schulspiegel/smartphone-eltern-sind-schuld-an-handy-suechtigen-kindern-a-1106787.html [abgerufen am 27.8.2016].

Kapitel 8
Faul und bequem – Wisch-Roboter und andere

JapanMarkt online (2014a): Roboter in Japan: Neuer Anlauf für die Revolution. Online: http://www.japanmarkt.de/2014/11/19/fe/technik/roboter-japan-neuer-anlauf-fuer-die-revolution/ [abgerufen am 25.8.2016].

JapanMarkt online (2014b): Roboter Pepper: Emotional, lernfähig, glücksbringend. Online: http://www.japanmarkt.de/2014/06/05/fe/technik/roboter-pepper-emotional-lernfaehig-gluecksbringend/ [abgerufen am 27.8.2016].

Welt.de (2015): Das ist die beste Uhrzeit für guter Sex. Online: http://www.welt.de/wissenschaft/article146906446/Das-ist-die-beste-Uhrzeit-fuer-guten-Sex.html [abgerufen am 27.8.2016].

Kapitel 9
Abhängig, inkompetent, selbstunwirksam – Selbstfahrende und -fliegende Autos

Ecomento.tv (2014): Selbstfahrende Autos: Vor- und Nachteile. Online: http://ecomento.tv/2014/01/10/selbstfahrende-autos-vor-und-nachteile-us-stEudie/ [abgerufen am 26.8.2016].

Hucko, M.: Tödlicher Unfall mit Autopilot-Funktion. „Tesla ist zu sehr an die Grenzen gegangen". Online: http://www.spiegel.de/auto/aktuell/experte-tesla-ist-zu-sehr-an-die-grenzen-gegangen-a-1100892.html [abgerufen am 27.8.2016].

Koesch, S. (2015): Menschliche Aufmerksamkeitsspanne jetzt eine Sekunde geringer als die von Goldfischen. Online: http://de.engadget.com/2015/05/17/menschliche-aufmerksamkeitsspanne-jetzt-eine-sekunde-geringer-al/ [abgerufen am 27.8.2016].

Tagesschau.de (2015): Kein Fahrer, kein Lenkrad - viele Fragen. Online: https://www.tagesschau.de/wirtschaft/autonomes-auto-103.html [abgerufen am 27.8.2016].

Kapitel 10
45 Grad – Bodengucker und Blindlenker

Futurezone (2016): Tippen tötet. Deutschland geht gegen Smartphone am Steuer vor. Online: http://futurezone.at/digital-life/deutschland-geht-gegen-smartphone-am-steuer-vor/190.009.195?utm_source=futurezone.at&utm_campaign=3a585cf75a-newsletter_futurezone_at&utm_medium=email&utm_term=0_667c8ddbb8-3a585cf75a-109406709 [abgerufen am 26.8.2016].

Hobbes, T. (2012): Leviathan oder Wesen, Form und Gewalt eines kirchlichen und staatlichen Gemeinwesens. Stuttgart.

RetroTV40 (2013): Der 7. Sinn – Alkohol am Steuer, WDR 1985. Online: https://youtu.be/0S1MfrQE5jQ [abgerufen am 24.8.2016].

Schröder, A.: Telekolleg Fummeln. Online: http://sz-magazin. sueddeutsche.de/texte/anzeigen/44461/Telekolleg-Fummeln [abgerufen am 18.4.2016].

Kapitel 11
Digitalerziehung – Tranquilizer im Urlaubsauto

Ibi Research (2014): Digitalisierung der Gesellschaft. Aktuelle Einschätzungen und Trends. Online: http://www.ibi.de/files/Studie_ Digitalisierung-der-Gesellschaft.pdf [abgerufen am 24.8.2016].

Kapitel 12
Digitale Selbstoptimierung – Das „Fat-not-Fit"-Syndrom

Berndt, C. (2016): Zufriedenheit: Wie man sie erreicht und warum sie lohnender ist als das flüchtige Glück. München.

Kapitel 13
Big Data – Gefangen in der Digivalenz

Maass, P./Rajagopalan, M.: That's No Phone. That's My Tracker. Online: http://www.nytimes.com/2012/07/15/sunday-review/thats-not-my-phone-its-my- tracker.html [abgerufen am 28.8.2016].

Kapitel 14
Achtung Vorbild – Digitalerziehung für Große

Romhardt, K. (2009): Wir sind die Wirtschaft: Achtsam leben – Sinnvoll handeln. Bielefeld.

Kirch, D. (2016): Anleitungen für Achtsamkeitsübungen im Alltag. Online: https://www.fachausbildung-stressbewaeltigung-achtsamkeit. de/achtsamkeitsuebungen-im-alltag/ [abgerufen am 25.9.2016].

Schormann, T. (2015): Achtsamkeit: Entspannt im Hier und Jetzt. Online: http://www.spiegel.de/gesundheit/psychologie/achtsamkeit-was-ist-das-a-1046882.html [abgerufen am 27.8.2016].

Schuhmacher, A. (2016): Achtsamkeit: So funktionieren die Übungen. Online: http://www.apotheken-umschau.de/Entspannung/Achtsamkeit-So-funktionieren-die-Uebungen-494995.html [abgerufen am 27.8.2016].

Kapitel 15
Always on – Wischen auf dem Klo

Beiersmann, S. (2015): Apple macht iPhone 7 möglicherweise wasserdicht. Online: http://www.zdnet.de/88247502/apple-macht-iphone-7-moeglicherweise-wasserdicht/ [abgerufen am 25.8.2016].

Enders, J. (2015): Darm mit Charme. Berlin.

Lindner, R. (2015): Wenn das Handy in der Toilette oder im Bierglas landet. Online: http://blogs.faz.net/netzwirtschaft-blog/2015/02/18/wenn-das-handy-der-toilette-oder-im-bierglas-landet-3816/ [abgerufen am 25.8.2016].

Presseportal (2015): Studie zum Leseverhalten der Deutschen: Online-Medien vor Büchern - Print siegt als Toilettenmedium. Online: http://www.presseportal.de/pm/107460/2930187 [abgerufen am 25.8.2016].

Vortrag: Im digitalen Hamsterrad – Umgang mit digitalen Medien

Der Vortrag zum Buch:

- Soziale Demenz – Wie Digital das Soziale verdrängt
- Always On – Konsequenzen für Kinder, Jugendliche und Erwachsene
- Produktivitätskiller Nr .1 in Unternehmen – Wischen am Arbeitsplatz
- Digitale Kommunikation – Wie WhatsApp & Co. wahnsinnig machen
- Intelligente Kommunikation mit digitalen Medien
- Moloch soziale Netzwerke: Raus aus der Neid-Spirale
- Digitale Entgiftung – Nur ein Trend? Über den Nutzen von Detox-Seminaren
- Was Unternehmen und Einrichtungen für einen intelligenten Umgang mit digitalen Medien tun können
- Wege aus dem digitalen Hamsterrad – Das „Digitale Manifest" für das „Schwarze Brett" zu Hause
- Handlungsempfehlungen werden für die Zielgruppe des Vortrages individuell abgestimmt

Buchen Sie den Vortrag und entdecken Sie Wege aus dem digitalen Hamsterrad!

Der Vortrag ist geeignet für Mitarbeiter- sowie Firmenveranstaltungen und öffentliche Kongresse. Er wird kurzweilig, unterhaltsam und humorvoll vorgetragen und regt zu unzähligen Fragen und Diskussionen an. Empfohlenes Zeitfenster: 45-60 Minuten zzgl. Diskussion und auf Wunsch: Teilnahme am anschließenden Networking für den tieferen Austausch.

Dieser Vortrag wird als Inhouse-Vortrag angeboten.

Kontakt:
www.gerald-lembke.de